W0011691

Chianti

ECON Gourmet Bibliothek

Friedrich Eberle und Christa Klauke

Chianti

ETB
ECON Taschenbuch Verlag

Bildnachweis:
FRANKE CONSULTING, München.

Die Autoren und der Verlag bedanken sich
für die freundliche Unterstützung bei der
Bildbeschaffung.

CIP-Titelaufnahme der Deutschen Bibliothek

Eberle, Friedrich:
Chianti / Friedrich Eberle u. Christa Klauke. – Orig.-Ausg. –
Düsseldorf: ECON Taschenbuch Verl., 1989
(ETB; 24010: ECON Gourmet Bibliothek)
ISBN 3-612-24010-2
NE: Klauke, Christa: GT

Originalausgabe

© ECON Taschenbuch Verlag GmbH, Düsseldorf
April 1989
Umschlaggestaltung: Ludwig Kaiser
Titelfoto: Johannes Sussbauer; Realisation: Ludwig Kaiser
Rückseitenfoto: Axel Ruske
Zeichnungen: Karola Niehoff
Lektorat/Konzeption: Dr. Peter Lempert
Die Ratschläge in diesem Buch sind vom Autor und Verlag
sorgfältig erwogen und geprüft, dennoch kann eine Garantie
nicht übernommen werden. Eine Haftung des Autors bzw. des
Verlags und seiner Beauftragten für Personen-, Sach- und
Vermögensschäden ist ausgeschlossen.
Satz: Dörlemann-Satz, Lemförde
Druck und Bindearbeiten: Ebner Ulm
Printed in Germany
ISBN 3-612-24010-2

Inhalt

Der Chianti heute 24

Die Anbauzonen und ihre Erzeuger 35

Alte Probleme und neue Wege 58

HANS-PETER WODARZ

über

Chianti

*D*er Chianti begleitete – meist falsch, nämlich mit »tsch«
und nicht mit »k« ausgesprochen – die erste Phase der
deutschen Nachkriegs-Urlaubsgesellschaft. Die mitgebrach-
te Korbflasche war der Ausweis dafür, daß man in Rimini in
der Sonne gelegen hatte. Das war nicht gerade das Verhal-
ten klassischer Gourmets, und die Qualität der Weine in den
urigen Bouteillen war wohl auch eher so, daß man den
Mantel des Schweigens darüberdecken möchte.

Es kostete in den siebziger Jahren ein hartes Stück Arbeit,
den Ruf des Chianti als eines bedeutenden Qualitätsweines
wiederherzustellen. Der Handel, aber auch die Produzenten haben das vor allem mit dem »Classico« geschafft, der
in die Bordelaiser Flasche abgefüllt und mit dem »Gallo
Nero«, dem schwarzen Hahn, unverwechselbar ausgezeichnet wird. Der Erfolg dieser Weine in Deutschland ist inzwischen bemerkenswert, wenn auch wenig überraschend:
Kommen sie doch aus der Toskana, jener Landschaft, die
dem deutschen Bild des »Landes, in dem die Zitronen blühn«
am ehesten entspricht – in Wahrheit stehen dort Weinstöcke
und Olivenbäume.

Florenz präsentiert sich nicht nur als Stadt einmaliger

Architektur und Kunst seit der Renaissance, es war eben auch immer eine bedeutende Weinhandelsmetropole. Die bekannten Händlerfamilien, die Frescobaldi, Antinori, Ricasoli, gehören zu den großen Familien Italiens. Sie sind reich, werden in der Öffentlichkeit des Landes wichtig genommen und haben einige bedeutende Politiker hervorgebracht.

Ich gestehe, daß mir letztendlich der Bordeaux besser schmeckt, und auch die meisten meiner Gäste in der »Ente vom Lehel« scheinen den »Chianti Classico« nicht als einen Wein anzusehen, der den großen französischen Rotweinen ebenbürtig ist. Zwei Einschränkungen sollten aber gemacht werden: Zum einen gibt es wundervolle Ausnahmen wie den »Chianti Riecine« der außergewöhnlich engagierten Winzer John und Palmina Abbagnano-Dunkley (die Toskana ist auch das gelobte Land der Engländer). Zum anderen sollte man daran denken, daß der »Chianti Classico« preislich in einer anderen Liga spielt als der Bordeaux. Eine gute Flasche aus einem guten Jahr kann ein großer Genuß sein, der noch dazu vom Gedanken an eine zu große Zeche in der Regel völlig unbelastet sein kann.

Auf jeden Fall sollte man den guten Chianti nicht nur mit Gaumen und Zunge, sondern auch mit der Erinnerung genießen – der Erinnerung an eine der zauberhaftesten Landschaften Europas.

Unbekannte Geschichte
eines bekannten
Weines

Chianti ist für viele der italienische Wein schlechthin. Er dürfte mit Abstand am meisten erwähnt werden, von welchen Autoren, wann und wo auch immer. Wenn über Italiens Weine gesprochen wird, sein Name dürfte als erster fallen. Das gilt ebenso für den Verbraucher. Nahezu jeder hat wohl von ihm gehört, und wer Wein trinkt, hat sicherlich auch einmal einen Chianti getrunken.

Unselige Allianz: Chianti und Bastflasche

Gleichwohl gehört der Chianti zu den verkanntesten Weinen. Er hat den zweifelhaften Ruf eines preiswerten, unkomplizierten Alltagsweins, eines anspruchslosen Getränks, das am besten vor Ort in Italien oder in einer der hiesigen Pizzerien getrunken wird. Der Inbegriff dieses Chianti-Bildes ist die Bastflasche. Offensichtlich sind beide eine untrennbare Verbindung eingegangen. Selbst bei einem sehr teuren Buch über italienische Weine, immerhin in den 80er Jahren erschienen, prangt der Chianti in der Bastflasche vierfarbig auf dem Titelbild. Und noch im

neuesten Duden ist zum Stichwort Chianti zu lesen: »italienischer Rotwein, der in bauchigen Flaschen gehandelt
wird«.

Daß der Chianti zu den großen Weinen der Welt gehört,
daß die Besten seiner Art nie in Bastflaschen abgefüllt
wurden, daß schließlich zwischen den Besten und dem
gleichnamigen Getränk der Pizzerien Welten liegen, all das
ist offensichtlich noch immer zuwenig bekannt.

Natürlich soll in diesem Buch nur vom guten Chianti die
Rede sein. Also von dem Wein, dessen Anbaugebiet in der
Toskana zwischen Florenz und Siena liegt und der als einer
der klassischen italienischen Weine schlechthin gilt. Namentlich ist er einer der ältesten, und bereits im 19. Jahrhundert bekam er die Konturen, die noch bis in die heutige
Zeit Gültigkeit haben. Er ist ein klassischer Mischsatz, und
deshalb war es fast zwingend, daß er als einer der ersten
Weine 1967 das DOC-Prädikat erhielt. Und er war der
vierte, der 1984 den DOCG-Status erlangte. Übrigens: DOC
steht als Abkürzung für Denominazione di origine controllata, zu übersetzen mit kontrollierter Ursprungsbezeichnung. DOCG ist die Kurzform von Denominazione di origine controllata e garantita, d.h. kontrollierte und garantierte
Ursprungsbezeichnung.

Erste Erwähnungen des Chianti

Ursprünglich stand der Name Chianti für ein Gebiet zwischen Florenz und Siena, war also eine rein geographische
Bezeichnung. Von einem Wein dieses Namens mit einem
mehr oder weniger fest umrissenen Geschmacksbild war

nicht die Rede. Es gab zwar schon vor Jahrhunderten einen roten Wein aus Chianti, doch erst viel später kennzeichnete Chianti allgemein einen Wein, der im wesentlichen aus den gleichen Reben erzeugt wurde. Zur geographischen Ursprungsbezeichnung gesellte sich der Gattungsname. Im heutigen Chianti Classico lebt noch etwas von beidem: ein Wein vom Typus Chianti aus der ursprünglichen Zone, eben ein Chianti aus Chianti.

Geschichtlich ist Chianti eine politische Einheit. Sie geht auf die Lega del Chianti in der Republik Florenz zurück. Jene Liga mit eigener Gesetzgebung und Verwaltung war ursprünglich militärisch begründet und wurde 1308 erstmals erwähnt. Sie umfaßte damals nur drei Gemeinden: Gaiole, Radda und Castellina. Es ging jedoch nicht um Wein, sondern um die Sicherung von Macht- und Landansprüchen. Im Laufe der Jahre trat der militärische Aspekt hinter den der Landwirtschaft zurück. Erster Beleg ist ein Statut der Lega von 1444, in dem festgelegt wurde, daß die Weinlese nicht vor dem 29. September beginnen dürfe.

Der Chianti gehört zu den namentlich am längsten bekannten italienischen Weinen. In einer Rechnung des toskanischen Kaufmanns Datini wird er 1398 erstmals urkundlich erwähnt. Mit dem Wort »Chianti« wollte Datini einfach einen Wein bezeichnen, der aus einem bestimmten Anbaugebiet stammte. Und er verstand darunter etwas anderes als heute, nämlich einen Weißwein.

Zur Bedeutung des Namens gibt es drei Theorien, ohne daß freilich Einigkeit darüber bestünde, welche die richtige ist, ja noch nicht einmal, ob überhaupt eine von ihnen zutrifft. Sicher ist, daß es sich um eine geographische Bezeichnung handelt. Zur Herkunft des Wortes werden drei verschiedene Erklärungen angeboten. Einmal das lateinische »clangor«, d. h. Klang, mit dem entweder Trompetenstöße oder Vogelgeschrei bezeichnet werden. Damit wird ein Bezug zum bewaldeten Jagdgebiet der Barone hergestellt. Eine andere These führt »clanti« auf das etruskische »clan« für Sohn und davon abgeleitet »clante« für (Siedlungs-)Gebiet zurück, da die Etrusker in der Nähe von Gaiole ansässig waren. Eine dritte Deutung bringt das Wort schließlich in Verbindung mit dem lateinischen »plantae«, also Steckling.

Daß sich der Name »Chianti« für einen Wein gegenüber der Gebietsbezeichnung gleichsam verselbständigen konnte, hat wirtschaftliche Ursachen. Es war jahrzehntelang sehr attraktiv, seinen Wein als »Chianti« in den Handel zu bringen, auch wenn er aus Gebieten kam, die mit der historischen Kernzone nicht viel zu tun hatten – oder noch schlimmer: für einen guten Wein nicht sehr geeignet waren.

Seit rund zwei Jahrzehnten ist vor allem bei qualitativ führenden Erzeugern die Liebe zu diesem Begriff nicht mehr ungebrochen. Ganze Anbauzonen haben es vorgezogen, ihre Weine unter einem anderen Namen zu vermarkten. Das begann bereits Ende der 60er Jahre mit dem »Chianti Montalbano«. Mit einem DOC-Statut, das 1975 in Kraft trat, wurde es möglich, auf der gleichen Fläche wie ehedem der des Chianti einen nur geringfügig anderen Wein zu erzeugen, den »Carmignano«. Anfang der 80er Jahre folgte der »Pomino«. Sein Anbaugebiet war Teil dessen des Chianti, und die Weine wurden früher als solcher verkauft. Inzwischen bringt es mehr ein, die Weine nicht mehr als Chianti zu vermarkten.

Der Chianti im Laufe der Jahrhunderte

Der Chianti, wie wir ihn heute kennen, ist ein Mischsatz. Er wird aus verschiedenen Reben gleichsam komponiert, um zu einem Geschmacksbild zu kommen, das mit einer Rebe allein nicht erreicht werden kann. So gibt die eine etwa Tannin und Säure, eine zweite ist besonders farbintensiv und versieht folgerichtig den Wein mit der gewünschten Farbe, eine dritte sorgt für ein angenehmes Bouquet. Bereits im 18. Jahrhundert war die Kenntnis solcher Eigenschaften durchaus entwickelt. Es wurden »Rezeptbücher« verfaßt, in denen eine genaue Proportionierung vorgeschlagen wurde. Und langsam bildeten sich die Standardreben heraus, die für die Weinproduktion Verwendung fanden. Hauptsächlich waren es vier, die roten »Sangiovese« und »Canaiolo« und die weißen »Malvasia« und »Trebbiano«.

Ricasoli und die sogenannte Chianti-Formel
In sehr vielen Texten wird der bekannte italienische Staatsmann Bettino Ricasoli (1809–1880), der auch ein starkes Interesse für die Landwirtschaft zeigte, als Erfinder des modernen Chianti bezeichnet. Das ist richtig und falsch zugleich. Richtig ist, daß Ricasoli verschiedene Formeln – aber nicht die Formel! – aufgestellt hat, wie der Chianti gemacht werden soll. Falsch ist die Behauptung insofern, als nicht gesehen wird, daß er in einem Umfeld, in dem Gedanken dieser Art schon seit einiger Zeit diskutiert wurden, zu seinen Ansichten gekommen ist. Der moderne Chianti war, wenn man so will, eine Kollektiverfindung der Weinbaupraxis und der wissenschaftlichen Diskussion in der Toskana des 19. Jahrhunderts.

Aufgrund langjähriger praktischer Erfahrung auf seinem Gut Brolio entwickelte Ricasoli verschiedene Ratschläge zur optimalen Zusammensetzung des Chianti, nicht aber eine einzige Chianti-Formel, denn jeglicher Schematismus im Hinblick auf Wein war ihm fremd. In einem Beitrag aus dem Jahr 1836 mit dem Titel »Sperienze comparative« empfahl der 27jährige Baron: 70 Prozent Sangiovese, 15 Prozent Canaiolo und 15 Prozent Malvasia. Nach dem Abschluß von Versuchen, die er zwischen 1834 und 1837 durchführte, entschloß er sich, auf Brolio Reben in folgenden Proportionen anzupflanzen: 70 Prozent Sangiovese, 15 Prozent Canaiolo nero, 10 Prozent Trebbiano und Malvasia sowie 5 Prozent ergänzende Reben (Mammolo und Colorino). Doch zu Beginn der 60er Jahre präsentierte er einer Kommission in Siena als besten Wein von Brolio einen, der aus 20 Prozent Canaiolo und 80 Prozent Sangiovese bestand, d. h. einen Chianti ohne weiße Trauben. Die Legende, daß erst in der jüngsten Vergangenheit der Einfluß weißer Reben auf die Haltbarkeit des Chianti erkannt wurde, erweist sich damit als das, was sie ist: eine Legende.

*D*er Chianti ist einer der ältesten italienischen Weine, er wurde erstmals im 13. Jahrhundert namentlich erwähnt. Bereits im 19. Jahrhundert wurde die bis vor kurzem gültige Rebzusammensetzung festgelegt. Eine wichtige Rolle spielte dabei der Baron Bettino Ricasoli.

Der Chianti
als Wein

Bis vor einigen Jahren bestand der Chianti aus den bereits genannten vier Standardreben, den roten Sangiovese und Canaiolo und den beiden weißen Malvasia und Trebbiano. Ihr Anteil war freilich nicht exakt festgelegt, und die Erzeuger hatten jeweils eigene Vorstellungen von der Proportionierung. Inzwischen sind weitere Reben hinzugekommen, wodurch die Vielfalt der Chianti-Weine noch vergrößert wurde – was aber auch einige Probleme mit sich brachte.

Die Reben des Chianti

Der Sangiovese, früher San Gioveto genannt, ist die klassische Rebe der Toskana. Man kennt zwei Spielarten, Sangiovese grosso und Sangiovese piccolo. Er ist nicht nur Hauptbestandteil des Chianti, sondern aller toskanischen roten DOC-Weine. Seine Verbreitung beschränkt sich nicht auf die Toskana, man findet ihn zum Beispiel auch in der Romagna, den Marken und in Latium. Im Ertrag ist er gut und konstant. Eine relativ robuste Rebe, die Ende September reift. Allein ausgebaut ergibt sie einen Wein mit recht viel Säure und Tannin. Daher benötigt er einige Jahre, um trinkreif zu werden, ist dafür aber sehr haltbar.

Auch der rote Canaiolo nero ist eine alte toskanische Rebe. Er wird etwa zur gleichen Zeit wie der Sangiovese geerntet. Dem Chianti verleiht er eine gewisse Feinheit und Eleganz, Eigenschaften mithin, die beim Sangiovese weniger ausgeprägt sind. Zwar ist die Rebe recht ertragreich, doch sehr empfindlich. Für gesunde und ausgereifte Trauben braucht der Canaiolo gute Lagen, die vor allem nicht zu feucht sein dürfen. Wegen seiner Empfindlichkeit ist der Canaiolo seit Jahren auf dem Rückzug, die meisten Winzer reduzieren seinen Anteil im Chianti immer mehr.

Die weiße Malvasia ist ebenfalls eine klassische toskanische Rebe. Ihre Produktivität ist gut, und von den Reben des Chianti reift sie zuerst, nämlich Ende August, Anfang September. Sie verleiht dem Wein eine bestimmte Samtigkeit. Beträgt ihr Anteil nicht mehr als 10 bis 15 Prozent, beeinträchtigt sie seine Haltbarkeit nicht. Deshalb wurde sie früher als Beimischung auch für solche Chianti empfohlen, die zum späteren Konsum bestimmt waren. Ihr Nachteil als weiße Traube: Sie verändert die Farbe des Weins. Ihre Verwendung im Chianti ist ebenfalls rückläufig.

Der weiße Trebbiano ist französischen Ursprungs, aber schon seit Jahrhunderten in der Toskana heimisch. Eine eher spät reifende Rebe, die in den meisten roten und weißen toskanischen DOC-Weinen enthalten ist, aber auch in sehr vielen anderen Regionen vorkommt, darunter in so bekannten Weinen wie Soave und Frascati. Sie dient dazu, den Chianti weicher und damit früher trinkreif zu machen, und hat den Nebeneffekt, ihn gleichsam zu verdünnen. Die

exzessive Zugabe des sehr robusten und überaus produktiven Trebbiano war der eigentliche Auslöser der Debatte
um den Weißweinanteil im Chianti. In der letzten Zeit wird
sie für ihn nicht mehr viel verwandt.

Seit Anfang der 80er Jahre gewinnen weitere Reben an
Bedeutung, so etwa Merlot und Cabernet, wobei der Cabernet bei weitem überwiegt. Als erstes im Carmignano zu
DOC-Weihen gekommen, ist er vor allem in den hochwertigen Tafelweinen der Toskana anzutreffen. Bereits vor Inkrafttreten des DOCG-Statuts 1984 wurde er von einigen
Erzeugern mit 5 bis 15 Prozent für den Chianti verwandt.
So beim *Montesodi* von Castello di Nipozzano, bei Antino-
ris *Villa Antinori* und bei Castello dei Rampolla. Nachdem
das DOCG-Statut die Verwendung erleichtert hat und eine
Zugabe bis zu 10 Prozent gestattet, bleibt abzuwarten, in
welcher Weise er tatsächlich im Chianti Verbreitung findet.

Der Chianti – eine offene Formel

Wollte man aus der Geschichte des Chianti eine Quintes-
senz ziehen, so die, daß seine Zusammensetzung immer
recht flexibel war. Gerade hierin liegt die Stärke der Chianti-
Formel und keineswegs, wie man meinen könnte, ein Mangel. Die Diskussion und die Praxis des 19. Jahrhunderts
haben gezeigt, daß ein starres Schema dem Wein zuwider-
läuft. Ein optimales Ergebnis ist nur dann zu erreichen,
wenn man Lage und Jahrgang bei der Rebzusammensetzung berücksichtigt. Wichtig ist auch die Frage, wann der
Wein getrunken werden soll, ob als junger Chianti, der vier
bis sechs Jahre haltbar ist, oder als Riserva, die ihr Opti-

mum erst nach sechs bis acht Jahren oder noch später erreicht – gute Erzeuger und gute Jahrgänge natürlich vorausgesetzt. Die Vielfalt ist ja einer der Gründe für den Reiz des Chianti. Und es wäre ein Jammer, wenn die geschmackliche Spannbreite von einem eher zarten und herben *Castello di Uzzano* über einen schlanken, aber kräftigen *Felsina* bis hin zu einem fast mächtigen *Montesodi* verlorenginge. Von daher ist nicht einsichtig, warum die Flexibilität beim Chianti ein Mangel sein soll, während sie gleichzeitig als einer der größten Vorzüge des Bordeaux gilt.

Es bleibe allerdings dahingestellt, ob die jüngsten Entwicklungen nicht zu einer Beliebigkeit des Begriffs Chianti führen. Denn was man auch immer vom Cabernet halten mag, es ist viel Behutsamkeit notwendig, damit er nicht dominiert. Drängt er sich in den Vordergrund, kann von einem Chianti nicht mehr die Rede sein. Nicht unproblematisch für die Typik ist auch die Verwendung des Barrique, des 225 Liter fassenden Holzfasses. Es gelingt nur wenigen, den Holzton so fein zu dosieren, daß er nicht die Charakteristik des Weines verändert. Im Unterschied zum Cabernet ist hier allerdings eine Prognose über die zukünftige Entwicklung eher möglich. Verfolgt man die letzten zwei, drei Jahre aufmerksam, so ist als Tendenz festzustellen, daß bei den meisten Gütern der ersten Garnitur zumindest ein Chianti mehr oder weniger lang durch das Barrique läuft. Denn viele Erzeuger beschränken sich nicht mehr auf die schlichte Unterscheidung von Annata und Riserva, sondern bauen einzelne Lagen getrennt aus. In der Regel ist es die bessere Lage und damit der teurere Wein, der im Barrique ausgebaut wird.

Parallel dazu zeichnet sich eine ganz andere Tendenz ab. Immer mehr Güter gehen dazu über, den Anteil des Sangiovese stark zu erhöhen. In einigen Fällen besteht der Chianti (fast) zu 100 Prozent aus Sangiovese. Er hört damit auf, ein Mischsatz im klassischen Sinn zu sein, und wird zum rebsortenreinen Wein. Wesentliche Ursache für diese Entwicklung ist, daß der Sangiovese die höchstwertige Rebe der Toskana ist und man langsam ihre herausragende Qualität erkennt. Der zweite Grund liegt darin, daß die gebräuchlichste andere rote Rebe, der Canaiolo, sehr empfindlich ist und nicht überall gute Ergebnisse bringt.

Annata und Riserva

Eine der wichtigsten Unterscheidungen beim Chianti ist jene zwischen »Chianti Annata« und »Chianti Riserva«. Tendenziell geht es nämlich um zwei grundverschiedene Typen. Der Jahrgangs-Chianti, und nichts anderes heißt Chianti Annata, wird bereits im Jahr nach der Ernte freigegeben, ist früh trinkreif, seine Stärke liegt nicht in der Haltbarkeit. Sein Idealbild ist der süffige, unkomplizierte, fruchtbetonte Rote, der zu fast allen Gelegenheiten paßt. Der Chianti Riserva hingegen – am ehesten im übertragenen Sinn zu übersetzen mit »gelagert« – wird nach alter Tradition erst nach Jahren des Ausbaus freigegeben. Er braucht Zeit zur Reife, verfügt über viel Kraft, deutliches Tannin und Säure. Wenn vom Chianti als großem Wein die Rede ist, so ist immer die Riserva gemeint.

Folgerichtig ist die Einteilung in Annata und Riserva von den gesetzlichen Regelungen übernommen worden. Das

DOC-Statut, das ab 1967 für den Ursprungsschutz sorgte, sah sogar drei Typen vor: Annata, Vecchio und Riserva. Der Jahrgangs-Chianti darf bereits im Jahr nach der Ernte auf den Markt kommen, die Riserva erst nach drei Jahren, und zwar in allen Anbauzonen. Außerdem muß die Riserva einen leicht höheren Alkoholgehalt aufweisen. Beim DOCG-Statut von 1984 entfiel der Chianti Vecchio. Verständlich, denn er war mehr ein Zwischentypus (zwei Jahre nach der Ernte im Verkauf), im Grunde ohne eigene Konturen.

In der Praxis nehmen die Güter für ihre Annata nicht die besten Trauben. Früher kam noch ein höherer Weißweinanteil im Vergleich zur Riserva hinzu. Dies spielt heutzutage bei den besten Gütern keine Rolle mehr, der Anteil weißer Trauben geht bei beiden Typen gegen Null. Für die Riserva wird nur das beste Traubenmaterial genommen und entsprechend lange mit den Schalen vergoren. Obwohl es im Gesetz nicht vorgeschrieben ist, kommt sie im Schnitt zwei, drei Jahre in größere Holzfässer, bei einigen mittlerweile eine kurze Zeit ins Barrique. Neu ist, daß Einzellagen getrennt ausgebaut werden. Oder besser: daß sie auf dem Etikett erscheinen. Denn schon früher kamen für die Riserva nur die besten Lagen in Frage, da sie die dafür geeigneten Trauben lieferten.

Governo

Zur Tradition des Chianti gehört das sogenannte Governo. Mit ihm wurde nach Abschluß der ersten Gärung eine zweite eingeleitet. Das geschah entweder durch die Zugabe von getrockneten Trauben oder später von konzentriertem Most. Durch diese Zufuhr von noch nicht in Alkohol umgesetztem Zucker konnte die Gärung erneut einsetzen. Der Alkoholgehalt wurde leicht erhöht, der Wein wurde frischer, fruchtbetonter.

Das Governo wurde im DOC- und im späteren DOCG-Statut ausdrücklich erwähnt. Gleichwohl ist es im Verschwinden begriffen, weil eine so eingeleitete zweite Gärung keine Vorteile habe für Weine, die haltbar sein sollen, im Gegenteil den Alterungsprozeß beschleunige. Obwohl genaue Zahlen nicht vorliegen, dürfte die Mehrheit der Chianti Riserva heute ohne Governo gemacht werden. Allerdings – und das macht die Sache so schwierig – gibt es Weine aus den 60er und frühen 70er Jahren, die mit Governo entstanden und sich als haltbarer erwiesen haben als solche ohne. Und es gibt einige junge Önologen, die weiterhin fest an seine Vorzüge glauben, und zwar auch und gerade für Weine, die ein sehr hohes Lebensalter erreichen sollen.

*D*er klassische Chianti besteht aus vier Reben,
den roten Sangiovese und Canaiolo
und den weißen Malvasia und Trebbiano.
Ihre Anteile können schwanken, die Chianti-Formel
läßt dem einzelnen Erzeuger sehr viel Spielraum.
Zwei Chianti-Typen sind zu unterscheiden:
der jung zu trinkende Chianti Annata und der
langlebige Chianti Riserva.

Der Chianti heute

Mit dem 1967 in Kraft getretenen DOC-Statut setzte eine neue, entscheidende Phase für den Chianti ein. Zum erstenmal wurde sein Name wirksam geschützt. Gerade in den 50er Jahren hatte er kräftig gelitten. Fälschungen scheinen an der Tagesordnung gewesen zu sein. Selbst wenn es naturgemäß keine genauen Zahlen geben kann, wird doch geschätzt, daß von den rund 1,5 Millionen Hektolitern (das entspricht zirka 200 Millionen Flaschen), die seinerzeit unter seinem Namen in den Handel kamen, nur etwa die Hälfte tatsächlich aus dem zulässigen Gebiet stammte.

Es war auch die Zeit des wirtschaftlichen Niedergangs. In jenen Jahren war die Chianti-Produktion kaum rentabel, da die auf dem Markt erzielten Preise lächerlich niedrig waren. Begleitet wurden diese Widrigkeiten von einem drastischen Strukturwandel in der Toskana. Das System der Halbpacht (Mezzadria) löste sich auf, die meist sehr großen Güter wurden nun nicht mehr von mehreren Pächtern bewirtschaftet, die als Pacht die Hälfte der Ernte abführen mußten, sondern von – nicht mehr selbständigen – Arbeitern. Viele verließen daraufhin die Landwirtschaft, zogen in die Städte. Die schlichte Folge: Es mußte so ziemlich alles anders werden.

Das DOC-Statut

Das DOC-Statut ist auf dem Hintergrund dieses tiefgreifenden ökonomischen und gesellschaftlichen Umbruchs zu sehen. Es sollte der wirtschaftlichen Besserstellung der Winzer gleichermaßen dienen wie dem Schutz des Weines und seiner qualitativen Verbesserung. Und je nach Perspektive, unter der es betrachtet wird, wird die Antwort nach dem Erfolg unterschiedlich ausfallen.

Auf jeden Fall wurde durch das Gesetz ein wirksamer Namensschutz gewährleistet. Das Problem, daß der Verbraucher nicht sicher sein konnte, ob eine Flasche Chianti wirklich denselben enthielt, gab es nicht mehr. Leider war dies die einzige Zielvorgabe, die vollständig erreicht wurde. An allen anderen wesentlichen Punkten wurde mehr oder weniger deutlich Kritik geübt:

▷ Die Mindest- und Höchstmenge weißer Reben (10 bis 30 Prozent) waren entschieden zu hoch. In der Praxis führte das zu großen Mengen dünner Chiantis, denen es deutlich an Alterungsfähigkeit mangelte. Wenn ein Rotwein bis zu 30 Prozent Weißwein enthalten kann, sind die diesbezüglichen Probleme bereits angelegt.

▷ Das Statut enthielt die Klausel, daß bis zu 15 Prozent Reben, Most oder Wein aus anderen Anbaugebieten zugefügt werden können, was einem Gesetz, das den Ursprung garantieren soll, hohnspricht. Man stelle sich nur einmal vor, ein Chianti enthielte sowohl jene 30 Prozent Weißwein als auch die 15 Prozent Weinzugabe fremden Ursprungs, zum Beispiel aus dem Süden Italiens – welcher Wein dann wohl die Konsumenten erwartet?

▷ Das Anbaugebiet wurde aus wirtschaftlichen Erwägungen bei weitem zu groß belassen. Bepflanzt werden durften selbst Böden, auf denen beim besten Willen kein guter Wein zu erzeugen ist. Die von dort stammenden Weine sind von Natur aus dünn, enthalten nicht genug Alkohol und Extrakt. Zwar wurde das Gebiet des Chianti Classico besonders hervorgehoben, aber zuwenig, um den Qualitätsunterschied deutlich werden zu lassen. Die Unterscheidung verschiedener Herkunftszonen wurde nicht konsequent durchgeführt, denn auch einige andere als das Classico sind qualitativ sehr viel besser als der Durchschnitt.

Die neue Mischung: kleine und große Güter

Im Verlauf der 70er Jahre bildete sich im Chianti-Gebiet eine eigentümliche Mischung von Gütern heraus, die heute noch prägend und in dieser Deutlichkeit nur in der Toskana anzutreffen ist: rationell arbeitende Großbetriebe einerseits und viele teils winzige Güter, die von völlig Orts- und Berufsfremden gegründet wurden. Zwischen ihnen stehen traditionelle, oft auch traditionsreiche Familienbetriebe mittlerer Größe.

Mit den rationell arbeitenden Großerzeugern sind die auch hierzulande bekannten Namen gemeint. Ob es sich um alteingesessene Firmen wie »Antinori« und »Frescobaldi« handelt oder daran gemessen um relativ junge wie »Mellini« oder »Ruffino«, ihr eigentlicher Aufschwung setzte in den 60er Jahren ein. Teilweise mit gekauftem Wein oder gekauften Trauben füllen sie Chianti in millionenfacher Auflage ab. Mehr oder weniger schlagkräftige Verkaufsorganisationen sorgen dafür, daß ihre Weine auf den wichtigsten Auslandsmärkten erhältlich sind. Zu dieser Gruppe zählen auch die Genossenschaften, die seit jenen Jahren sehr stark expandiert haben.

Grundlegend neu in der Wirklichkeit des Chianti sind die vielen überwiegend kleinen Güter, die betuchte Personen gekauft haben, um ihren eigenen Wein zu machen. Die Auflösung der Halbpacht sorgte dafür, daß zahlreiche wenige Hektar große Parzellen zum Verkauf standen. Die Käufer kamen aus ganz anderen Wirtschaftsbereichen: Industrielle, Händler, Juweliere, Anwälte, Manager oder Ärzte, sie alle sind vertreten. Selbst eine kleine Schar von Ausländern ließ sich hier nieder.

Nun gibt es natürlich auch andere italienische Landschaften, in denen sich Mitglieder dieses Personenkreises ein Ferienhaus kauften, aber nur in der Toskana machten sie als Weinerzeuger von sich reden. Und geht man die Güter durch, die heute Rang und Namen haben, zählt mindestens die Hälfte zu dieser Gruppe, ob das nun John Dunkley von »Riecine« ist, Sergio Manetti von »Monte Vertine«, Giorgio Regni von der »Fattoria Valtellina«, Raffaele Rossetti von »Capannelle«, Dino und Domiziano Manetti von »Fontodi« oder Aldo Torrini von »Poggio al Sole«.

Einige dachten zu Anfang nicht im Traum daran, daß sie wenige Jahre später zu den besten Erzeugern des Chianti zählen sollten, doch das Ergebnis ist alles andere als ein

Zufall. Sie waren bereits in anderen Berufen erfolgreich und wußten also, was zu tun ist. Hatte sie erst einmal der Ehrgeiz gepackt, Wein zu machen, begnügten sie sich nicht mit Durchschnittlichem. Während eine kleinere Gruppe selbst den Weinberg bearbeitete und sich im Keller um den Wein kümmerte, engagierte die andere, größere Gruppe Spezialisten. In beiden Fällen stellte sich der Erfolg bereits nach wenigen Ernten ein.

Guten Wein zu machen ist die eine Sache, ihn erfolgreich zu vertreiben eine ganz andere. Auch der beste Wein verkauft sich zu Anfang nicht von selbst. Hier war diese Gruppe ebenfalls im Vorteil. Die meisten verfügten nämlich über eine langjährige Erfahrung, wie man ein Produkt bekannt macht, sei es, daß man sich systematisch um Journalisten kümmert oder für die Teilnahme an Proben sorgt, sei es, daß man sich Spektakuläres wie silberne oder goldene Etiketten einfallen läßt.

Daneben gibt es noch die traditionsreichen mittleren Güter. Ihre Lage war und ist die schwierigste. Einmal bewegen sie sich teilweise in einem alteingefahrenen Gleis mit hohen Hemmschwellen, die einer grundlegenden Veränderung entgegenstehen. Die Einstellung »So haben wir es aber immer gemacht« ist in Zeiten des Umbruchs der sichere Garant für Schwierigkeiten. Wird an alten Methoden festgehalten, bleibt die Vermarktung unverändert, wird beispielsweise nur der italienische Markt bearbeitet, gerät man leicht in eine Krise, aus der nur noch schwer herauszufinden ist. Dieser Gruppe fehlt darüber hinaus oft etwas, über das zum Beispiel die Umsteiger meist verfügen: genügend Geld. Denn selbst wenn die Notwendigkeit zu einem Neuansatz erkannt ist, müssen zunächst einmal die finanziellen Mittel zur Verfügung stehen, um beispielsweise die Ausgaben für neue Fässer und Stahltanks bestreiten zu können.

Ein immerwährendes Thema: der Weißweinanteil

Wohl kaum ein Thema hat die Gemüter mehr erhitzt als der Weißweinanteil im Chianti. Ob es die zu hohen Hektarerträge, die schlechte Qualität oder die Schwierigkeiten der Vermarktung waren, sie alle wurden weit weniger öffentlichkeitswirksam angesprochen. Seltsam war nur, daß er für die qualitativ führenden Erzeuger eigentlich nie ein Problem war und spätestens seit Mitte der 70er Jahre nur sehr wenige von ihnen ihre Riserva mit mehr als 5 Prozent Weißwein machten. Viele verzichteten ganz auf Trebbiano und Malvasia. Die zweite Merkwürdigkeit war die mangelnde Kenntnis der Geschichte des Chianti. Kaum jemand wußte, daß praktisch alle Argumente pro und contra bereits im vergangenen Jahrhundert diskutiert wurden.

Es ist bereits darauf hingewiesen worden, daß Bettino Ricasoli selbst einen Wein erzeugt hatte, der nur aus roten Reben bestand. Wichtiger aber ist, daß schon im 19. Jahrhundert der Zusammenhang zwischen der Zugabe weißer Reben und der Haltbarkeit geläufig war. Weiße Reben wurden nur empfohlen für herausragende Jahre in ebensolchen Lagen, um die Härte des Sangiovese zu mildern. Dabei wurde vor allem an die Malvasia gedacht, die dem Wein zudem eine gewisse Samtigkeit verleiht, weniger an den Trebbiano, der sich eigentlich nie eines sonderlich guten Rufes erfreute. Die Neuerer haben somit – überspitzt formuliert – nur auf eine verschüttete Tradition aufmerksam gemacht. Sie wiesen zu Recht darauf hin, daß ein hoher Weißweinanteil in einem Wein, der altern soll, nichts zu suchen hat. Es mangele ihm dann an Körper, Farbe und Struktur, mithin an allem, was ein großer Rotwein haben muß. Die beste Lösung sei deshalb, auf Trebbiano oder Malvasia ganz zu verzichten. Dies war der Tenor des in zahllosen Variationen vorgetragenen Arguments. Die so sprachen, verminderten den Weißweinanteil nach und nach. Einigen konnte es gar nicht schnell genug gehen, auch wenn wohl kaum jemand so spektakulär voranschritt wie John Dunkley von Riecine, der innerhalb kürzester Zeit von 30 Prozent für den Jahrgangs-Chianti auf praktisch Null bei der Riserva ging. Jeder wußte um die Änderungen bei vielen Gütern, gleichwohl gingen sie ohne Schwierigkeiten über die Bühne.

Strenggenommen waren diese Weine nicht berechtigt, als Chianti in den Handel zu kommen, da das geforderte Minimum noch immer bei 10 Prozent lag. Doch gab es unseres Wissens deshalb kein einziges Verfahren. Der Gesetzgeber weigerte sich einfach, die Praxis zur Kenntnis zu nehmen. Wir betonen dieses bewußte Wegsehen der staatlichen Behörden wegen der häufig zu hörenden Geschichte, die hochwertigen Tafelweine, von denen hier noch die Rede sein wird, seien gleichsam aus Notwehr entstanden. Denn, so wird erzählt, es sei nicht möglich gewesen, im Rahmen des Chianti-Statuts einen qualitativ hochwertigen Wein zu machen, d.h. ohne großen Weißweinanteil. Tatsache ist hingegen, daß es sehr wohl möglich war. Das italienische DOC-Gesetz mag zwar nicht unbedingt Qualität erzwingen, aber es verhindert sie in der Praxis auch nicht.

Die Überproduktion: eine Folge des DOC-Statuts

Die wirtschaftlich wichtigste Folge des DOC-Statuts war eine enorme Steigerung der Produktion: von 100 000 bis 200 000 Hektoliter Chianti Classico in den 60er Jahren auf 458 000 Hektoliter im bislang ertragsstärksten Jahr 1979. Mehrere Faktoren wirkten zusammen. Einmal wurden die traditionellen Mischkulturen nach und nach durch spezialisierte Kulturen ersetzt. Heute gibt es im Chianti-Gebiet praktisch nur noch Lagen, die zu 100 Prozent mit Reben bepflanzt sind. Zum anderen wurden neue Rebflächen angelegt, selbst dort, wo die Böden nicht dafür geeignet sind.

Die ganz einfache Folge war, daß es zuviel Chianti gab. Es wurden gleichsam planmäßig Überkapazitäten erzeugt, die wirksam auf die Preise drückten. Gleichzeitig mit der Ausweitung der Produktion setzte auf der Nachfrageseite ein folgenreicher Wandel ein. Zum einen wurde immer weniger getrunken; der Verbrauch pro Kopf sank von über 100 Liter zu Beginn der 70er Jahre auf derzeit ca. 57 Liter (es gibt auch Statistiken mit leicht höheren Zahlen). Zum anderen verlagerte sich das Interesse der Käufer von den Roten hin zu Weißweinen. War Italien lange Zeit ein Land der Rotweine gewesen, so wendet sich der italienische Verbraucher seit einigen Jahren mit steigender Tendenz den weißen Weinen, leicht und mit guter Säure, zu.

Es verwundert im Rückblick deshalb nicht, daß es seinerzeit nur sehr wenigen Erzeugern finanziell gutging. Das galt unterschiedslos für alle Betriebsgrößen. Ein Erzeuger, von dem wir nicht der Meinung sind, daß er zu Übertreibungen neigt, erzählte uns 1984, allenfalls eine Handvoll Güter sei ökonomisch erfolgreich.

Das DOCG-Statut von 1984

So wie die Dinge liegen, setzt eine wirtschaftliche Aufwertung des Chianti eine Reduzierung des Angebots voraus. Dafür gibt es im wesentlichen zwei Verfahren: Verringerung der Anbaufläche und/oder des Hektarertrags. Mit dem neugeschaffenen DOCG-Statut wurde das Problem nur teilweise gelöst. Die immer wieder kritisierte zu große Anbaufläche ist beibehalten worden. Das neue Statut hat die alten Grenzen übernommen. Der Ertrag ist hingegen deutlich verringert worden.

Waren zum Beispiel beim DOC-Statut des Chianti Classico noch 80,5 Hektoliter pro Hektar zulässig, so liegt die Grenze nun bei 52,5 Hektolitern. Hinzugekommen ist die Möglichkeit, diese Grenze in ertragsarmen Jahren weiter zu senken. Erstmals wurde auch der Höchstertrag pro Stock vorgeschrieben. Für das Classico beträgt er 3 Kilogramm. Eine merkliche Verringerung des erzeugten Chianti ergibt sich zudem aus der neuen Rebzusammensetzung. Statt wie früher 30 Prozent Trebbiano und Malvasia sind nun höchstens 10 Prozent gestattet, beim Classico sogar nur 5 Prozent. Und da in der Toskana gegenwärtig keine Neuanpflanzungen möglich sind, sondern nur Ersatz, heißt das zumindest für die nächsten Jahre, daß die Mengen an Chianti deutlich weniger werden.

Nur teilweise eingeschränkt wurde die Möglichkeit, den Wein um bis zu 15 Prozent mit Trauben, Most oder Wein aus fremden Anbaugebieten aufzubessern. Lediglich für drei Anbauzonen sind die Vorschriften strenger gefaßt worden: Classico, Colli Fiorentini und Rufina. Hier darf nur konzentrierter Most aus Trauben der Anbauzone oder

*Italiens berühmtester Wein, der Chianti, ist im Herzen der
Toskana zu Hause, von Florenz oder Sienna nur
einen Katzensprung entfernt – welche Erholung allein
schon diese Landschaft.*

*Auf dem ersten Blick kaum als Weingüter zu
erkennen, liegen die alten Anwesen verstreut in der
hügeligen Landschaft der Toskana.*

rektifizierter, d. h. konzentrierter und gereinigter, Most verwendet werden. Bei allen anderen bleibt es, wie es war. Es können weiter Tankwagen aus Apulien oder beliebigen anderen Regionen vorfahren. In solchen Fällen wäre es wohl korrekter, zu sagen, daß der Ursprung zu 85 Prozent »kontrolliert und garantiert« ist.

Eine deutliche Verbesserung ist hingegen, daß eine verstärkte qualitative Unterscheidung der einzelnen Gebiete eingeführt wurde. Mußte ursprünglich nur der Chianti Classico in der Mindestgradation und beim Hektarertrag höheren Ansprüchen genügen, so sind es nun zwei weitere, nämlich Rufina und Colli Fiorentini.

Die DOCG-Bestimmungen im Überblick
Rebzusammensetzung: Sangiovese 75 bis 90 Prozent; Canaiolo 5 bis 10 Prozent; Trebbiano und Malvasia 5 bis 10 Prozent (Classico 2 bis 5 Prozent); andere rote Reben bis 10 Prozent.
Hektarertrag: 70 Hektoliter; Classico 52,5 Hektoliter; Colli Fiorentini, Rufina 56 Hektoliter.
Ertrag pro Rebstock: 5 Kilogramm Trauben; Classico, Colli Fiorentini, Rufina 3 Kilogramm.
Mindestgradation: natürlich $11°$; gesamt $11,5°$; Classico natürlich $11,5°$; gesamt $12°$.
Aufbesserung: bis zu 15 Prozent Trauben, Most, Wein, Konzentrat auch aus anderen Anbauzonen. Classico, Colli Fiorentini, Rufina: nur Most aus Trauben der Anbauzonen bzw. rektifizierter Most.
Freigabe: Jahrgangs-Chianti zum 1. März nach der Ernte; Classico, Colli Fiorentini, Rufina zum 1. Juni nach der Ernte.

Riserva: Mindestlagerzeit 3 Jahre; Gesamtgradation mindestens 12°; bei Angabe der Unterzone (Classico, Colline Pisane, Colli Aretini usw.) mindestens 12,5°.

Wohl die entscheidende Neuerung des DOCG-Statuts ist die Vorschrift, daß ein Wein von einer Kommission probiert werden muß, bevor er in den Handel kommt. Auf nichts anderes reduziert sich das zusätzliche »G« gegenüber der früheren Regelung.

Bislang haben alle Verlautbarungen darauf großen Wert gelegt. Da die Probe der Weine vorgeschrieben sei, sei es nunmehr möglich, schlechte Qualität erst gar nicht freizugeben. Das sei der wirksamste Schutz für den Verbraucher, auf das Siegel DOCG könne er sich verlassen. Den unbefangenen Betrachter wundert, offen gestanden, dies ungebrochene Vertrauen, als lägen nicht Erfahrungen mit anderen Weinen seit Jahren vor. Wer den Begriff Qualität nicht für völlig inhaltsleer halten will, wird wissen, daß sich mit keinem Weingesetz der Welt gute oder gar sehr gute Qualität erzwingen läßt. Insofern ist es nicht weiter überraschend, daß auch nach der DOCG weiterhin Weine im Handel anzutreffen sind, die zwar nicht das Prädikat ungenießbar verdienen, aber beileibe kein Genuß sind.

*D*as 1967 in Kraft getretene DOC-Statut garantierte zum ersten Mal wirksam die Herkunft des Weines. Sein großer Nachteil war, einen hohen Anteil weißer Reben verbindlich vorzuschreiben. Das seit 1984 gültige DOCG-Statut verringerte den Weißweinanteil im Chianti entscheidend.

Die Anbauzonen
und
ihre Erzeuger

Chianti ist nicht gleich Chianti – diese Formel gilt nicht nur aufgrund des unterschiedlichen Qualitätsstrebens der Erzeuger. Das Gebiet ist bei weitem zu groß, als daß hier nur sehr ähnliche Weine entstehen könnten. Der Gesetzgeber hat die Konsequenzen gezogen und verschiedene Anbaugebiete bestimmt mit dem Ziel, den Unterschieden Rechnung zu tragen.

Die Ursprünge

Die Erkenntnis der geschmacklichen Vielfalt der Chianti-Weine ist nicht neueren Datums. Ähnlich wurde bereits zu Beginn des 18. Jahrhunderts gedacht. Ein Ergebnis jener Überlegungen war ein Dekret des Großherzogs Cosimo I., das berühmte »Bando« von 1716. Neben Hinweisen zu Weinerzeugung und -verkauf findet sich in ihm die Bestimmung von vier Anbauzonen, die schon damals für guten Wein bekannt waren: Das war einmal Chianti selbst, dann Pomino, das später im Rufina-Gebiet aufging und seit einigen Jahren wieder selbständig ist, Carmignano und schließlich Val d'Arno di Sopra, das einem Teil der heutigen Colli Aretini entspricht.

Bemerkenswert ist, daß über Chianti nur in einem Fall geschrieben wird, eben als Wein aus Chianti, während er später als Gattungsname auch auf die anderen und einige übrige Gebiete ausgeweitet wurde. Der Grund ist einfach. Von den vier Namen war er der bei weitem berühmteste, Weine mit seiner Bezeichnung ließen sich besser vermarkten. Das Interesse vor allem von großen Betrieben, die Rebflächen möglichst großzügig auszudehnen, die Anrecht auf die Bezeichnung Chianti haben, war also von deren Warte aus verständlich. Und daß auch kleinere Erzeuger von der Zugkraft des großen Namens profitieren wollten, wer mag es ihnen verdenken.

Eine Kommission wird eingesetzt

Dies war die Ausgangssituation, als 1931 eine Kommission beauftragt wurde, das Gebiet des Chianti näher zu bestimmen. Es gab Stimmen, die gegen eine Beschränkung des Anbaugebiets waren, da der toskanische Wein unter diesem Namen bekannt sei, eine wachsende Nachfrage befriedigt werden müsse. Auszuschließen seien nur Regionen geringerer Qualität. In ihrem Bericht von 1932 hielt die Kommission dagegen, zwar sei es aufgrund der gewachsenen Strukturen nicht möglich, den Chianti auf das eigentliche Ursprungsgebiet zu beschränken, doch eine Begrenzung müsse sein. Ein Kriterium war die Bodenbeschaffenheit, ein anderes die Rebzusammensetzung mit Sangiovese als Hauptrebe, als weitere Canaiolo, Trebbiano und Malvasia sowie einige ergänzende – mithin die gleichen, die später in das DOC-Statut Eingang gefunden haben.

Die Empfehlung lautete, im Bereich der zugelassenen Gemeinden nicht jedem Wein das Anrecht auf den Namen Chianti zu geben, sondern eine Qualitätsauswahl vorzunehmen. Vorgeschlagen wurde eine Fläche von insgesamt knapp 136 000 Hektar, deren Reben jährlich die Produktion von durchschnittlich 580 000 Hektoliter Chianti erlauben sollten. Dies war ein Drittel dessen, was damals tatsächlich dort geerntet wurde. Die Zahlen erscheinen vergleichsweise niedrig, erklären sich jedoch aus der Tatsache, daß Weinbau zur damaligen Zeit hauptsächlich in gemischter Kultur betrieben wurde. Selbst im spezialisierten Weinbau lagen sie weit unter den heute üblichen Erträgen.

Schaffung von Unterzonen

Jenseits der Grenzen des ursprünglichen Gebiets wurden verschiedene Unterzonen vorgeschlagen, in denen schon lange Chianti oder ein Wein »tipo Chianti« produziert wurde. Die Kommission plädierte ausdrücklich für ihre Nennung, um schon im Ansatz Verwechslungen zwischen dem Chianti Classico und den übrigen zu vermeiden. Das Classico als eigentliches Ursprungsgebiet des Chianti wurde allerdings erweitert um die Rebflächen mehrerer Gemeinden, die geschichtlich nicht dazuzählen.

Die Kommission schlug sechs Zonen vor: Colli Aretini, Colli Fiorentini, Colline Pisane, Colli Senesi, Montalbano und Rufina. Mit geringfügigen Abweichungen gelten sie noch immer, sie fanden Eingang ins DOC- und dann ins DOCG-Statut. Darüber hinaus gibt es weitere Sektoren, die nicht einer dieser Zonen zugeordnet sind – jener Wein kann nur ein einfacher Chianti sein.

Trägt ein Chianti heute keine näheren Angaben zur Herkunft auf dem Etikett, kann er also aus jenen nicht näher definierten Lagen stammen. Oder aber der Erzeuger verzichtet auf den Hinweis »Colli Senesi« oder »Colline Pisane«, weil er sich von ihm keinen Vorteil verspricht. Zu guter Letzt verbergen sich in dieser Gruppe alle Chianti, die aus Trauben der verschiedensten Zonen stammen und damit kein Anrecht auf die Herkunftsbezeichnung haben. Große Produzenten, die im gesamten Chianti-Gebiet ihre Trauben oder Weine kaufen, vermarkten den Wein deshalb als einfachen Chianti.

Die Konsortien

Zu den ältesten Konsortien Italiens zählen die des Chianti. Ein freiwilliger Zusammenschluß von Erzeugern zum Schutz des Weines und zur Verbesserung der Qualität, das sind die Grundprinzipien. Ein willkommener Nebeneffekt ist die Absetzung von der Konkurrenz und die Werbung für die eigenen Erzeugnisse. All dies hatten die Winzer im Sinn, als sie 1924 das Consorzio Chianti Classico in Radda gründeten und 1927 das Consorzio Chianti Putto, das zu Beginn übrigens auch als Consorzio del Bacchino bezeichnet wurde.

Die Aufgaben der Konsortien sind recht umfassend und beschränken sich keineswegs auf Öffentlichkeitsarbeit oder

Werbemaßnahmen – obwohl dies gerade heutzutage ein nicht unwichtiger Bereich ihrer Tätigkeit ist. In Italien beträgt allein der Etat des Consorzio Chianti Classico für Anzeigen und Fernsehspots knapp eine Million Mark, und seit Jahren gibt es ein umfangreiches Reiseprogramm für italienische und ausländische Journalisten. Wichtig sind aber beispielsweise auch die Aufgaben zur Förderung der Qualität. Beim Gallo Nero – Zweitname für das Consorzio Chianti Classico wegen der von ihm verliehenen Schutzmarke des »Schwarzen Hahns« – loben selbst Kritiker die gute technische Hilfestellung für die Winzer. Und natürlich arbeitet das Konsortium als ganz normaler Lobbyist beim Gesetzgebungsverfahren oder bei staatlichen Maßnahmen mit, die in irgendeiner Weise seine Interessensphäre berühren könnten.

Dennoch sind die Konsortien nicht gänzlich unumstritten. Nun ist es sicherlich nicht leicht, den Interessen so vieler gerecht zu werden. Kleinstbetriebe mit wenigen tausend Flaschen stehen vor anderen Problemen als solche, die mehrere Millionen pro Jahr abfüllen. Des einen Ziel ist ein Mindeststandard, der nicht unterschritten werden soll, während der andere auf höchste Qualität abzielt. Die Krux besteht darin, daß Größe und Qualität selten Hand in Hand gehen; und je mehr Flaschen ein Betrieb abfüllt, desto größer ist sein Einfluß aufgrund des höheren Beitrags, der sich eben nach der Erzeugung bemißt. Hat hier schon das Consorzio Chianti Classico seine Schwierigkeiten, so stellen sie sich in noch größerem Maße beim Consorzio Chianti Putto mit seinen mehr als tausend Mitgliedern.

Daß das Streben nach Qualität nicht konsequent genug verfolgt werde, ist der Hauptvorwurf. Und er ist nicht unberechtigt. Wer wie das Consorzio Chianti Classico Mindestpreise für den Verkauf festlegt, aber Verstöße nur halbherzig ahndet, darf sich über Kritik nicht wundern.

Eine generelle Unzufriedenheit unter kleineren, sehr qualitätsorientierten Erzeugern hat dazu geführt, daß in den letzten Jahren einige von ihnen ausgetreten sind. Natürlich fallen diese Austritte zahlenmäßig nicht ins Gewicht, aber wenn man bedenkt, daß sich darunter einige der anerkannt besten Winzer befinden, bekommen sie einen anderen Stellenwert. Zumal bislang nicht deutlich geworden ist, welche Strategie die Konsortien gegenüber den neuen hochwertigen Tafelweinen einschlagen wollen, deren Zahl unaufhaltsam steigt. Denn die eigentliche Herausforderung ist ja, daß in einer Anbauzone mit jahrhundertelanger Tradition Weine entstehen, die völlig neu sind und einen anderen Namen tragen. Das heißt nichts anderes, als daß für diese Erzeuger der Name Chianti nicht mehr hinreichend attraktiv ist. Gerade bei den Konsortien müßten angesichts dieser Konstellation die Alarmsirenen schrillen, aber noch hat man keinen solchen aufrüttelnden Klang vernommen.

Die Gebiete im einzelnen

Die Weine der Unterzonen lassen sich im groben wie folgt unterscheiden. Ein Kriterium ist die Haltbarkeit. Während Classico, Rufina, Teile von Montalbano und der Colli Fiorentini in guten Jahren ein großes Reifepotential haben, sind die der anderen Gebiete eher trinkbar. Das ist übrigens auch der Grund, weshalb es dort weniger Riservas

Das Anbaugebiet des Chianti

A = CHIANTI CLASSICO
B = CHIANTI MONTALBANO
C = CHIANTI RUFINA
D = CHIANTI COLLI FIORENTINI
E = CHIANTI COLLI SENESI
F = CHIANTI COLLI ARETINI
G = CHIANTI COLLINE PISANE
H = CHIANTI

gibt. Das Ausgangsmaterial ist dazu einfach weniger geeignet. Voraussetzung für eine längere Haltbarkeit sind neben dem Alkoholgehalt Tannin und Säure. Als besonderer Spätentwickler gilt der Chianti Rufina, die besten Weine aus diesem Gebiet können es in diesem Punkt mit den besten des Classico problemlos aufnehmen. Praktisch den genauen Gegenpol bilden Chianti der Colline Pisane, unkomplizierte Alltagsweine, die jung getrunken werden wollen.

Nun sind diese Unterscheidungen nur eine grobe Annäherung. Hier – wie anderswo auch – gilt natürlich der Satz: »Keine Regel ohne Ausnahme.« So wird man im Classico dünne, in der Farbe sehr helle Weine finden, umgekehrt in den Colline Pisane solche, die in ihrer Typik eher an das Classico erinnern. Und ganz gewiß gilt, daß letztlich einzig der Erzeuger Gewähr für einen zufriedenstellenden Inhalt bietet, will heißen, ein noch so starkes Hervorheben von gesetzlichen Maßnahmen, strengen Kontrollen und geeigneten Böden ersetzt niemals die Einzelfallprüfung, und die lautet, daß man sich den Namen des Gutes merken muß. Aus diesem Grund wird im Anschluß an dieses Kapitel ein Verzeichnis zuverlässiger Erzeuger angeführt.

Chianti Classico. Daß der Chianti Classico als der Chianti schlechthin gilt, hängt sicherlich auch mit der Entstehungsgeschichte zusammen. Er ist der bekannteste, gilt als der beste. Zu seiner Bekanntheit haben verschiedene Faktoren beigetragen. Erst einmal natürlich die Tatsache, daß dieses Gebiet dem Chianti überhaupt seinen Namen gegeben hat. Von Bedeutung ist auch die Lage zwischen zwei Städten mit großer Anziehungskraft: Florenz und Siena. Wer auf der Chiantigiana, der kurvenreichen alten Staatsstraße von Florenz nach Siena, fährt, durchquert das Classico. Und auch nicht vergessen sollte man Bettino Ricasoli, der immer wieder als der Erfinder der Chianti-Formel hervorgehoben wird. Sein Schloß Brolio befindet sich ebenfalls hier. Nicht zuletzt ist das Classico die größte aller Zonen.

Verglichen mit anderen Unterzonen, hat sein Ruf durchaus eine gewisse Berechtigung. Schließlich finden sich hier die meisten hervorragenden Erzeuger. Allerdings ist dies nicht allein durch die Eignung von Boden und Klima bedingt. Denn wenn man sich die Gruppe jener Güter einmal näher anschaut, fällt auf, daß es nur zum Teil alteingesessene Produzenten sind. Viele von ihnen sind sogenannte Quereinsteiger, Personen, die zuvor einen anderen Beruf (erfolgreich) ausgeübt haben und sich dann dem Wein gewidmet haben. Es war die schon bestehende Anziehungskraft des Classico, auch die Nähe zu den beiden genannten Städten, die sie dazu bewogen haben, sich ausgerechnet hier niederzulassen.

Das heutige Classico ist deutlich größer als das historische Chianti, so daß der Rückgriff auf die Geschichte nur zum Teil berechtigt ist. Bei der Lega del Chianti war 1378 nur von Castellina, Gaiole und Radda die Rede, im »Bando« von 1712 wurde zusätzlich Greve aufgeführt. Als das Anbaugebiet 1928 erstmals offiziell festgelegt wurde, kamen fünf weitere Orte hinzu, nämlich Teile von Barberino Val d'Elsa, Castelnuovo Berardenga, Poggibonsi, San Casciano Val di Pesa und Tavernelle Val di Pesa. Und dabei blieb es in den DOC- und DOCG-Statuten. Gemessen an der ursprünglichen Fläche, ist das Gebiet auf das Doppelte angewachsen.

Daß die hinzugekommenen Weinberge nicht schlechter sein müssen, haben verschiedene Erzeuger gezeigt, ob das nun »Felsina« aus Castelnuovo Berardenga ist oder »Monsanto« aus Barberino Val d'Elsa. Ihre Chianti sind ebenso gut wie die gleichwertiger Winzer aus dem Herzen des Chianti. Nicht die Einbeziehung weiterer Orte wirkt sich negativ auf die Qualität aus, sondern eher das großzügige Vorgehen bei der Auswahl der Lagen.

Als Indiz für die höhere Qualität im Vergleich zu anderen Unterzonen werden gerne die DOCG-Bestimmungen angeführt. Ähnlich streng sind sie nur noch bei Rufina und den Colli Fiorentini, sowohl was die zulässigen Hektarerträge anbelangt, die vorgeschriebene Lagerzeit vor dem Verkauf als auch die eingeschränkte Möglichkeit, den Wein mit Most und anderem zu verbessern.

Chianti Rufina. Der Bekanntheitsgrad des Classico soll nicht vergessen lassen, daß anderswo ebenfalls hervorragender Chianti erzeugt wird. Es sind Weine mit eigenem Charakter, der dieses knapp 600 Hektar Weinberge große Anbaugebiet um die namengebende Gemeinde Rufina, wenige Kilometer östlich von Florenz gelegen, unverwechselbar macht.

Daß der Chianti Rufina sein Potential noch nicht voll ausgeschöpft hat, liegt an vielfältigen Hypotheken der Vergangenheit. Paradoxerweise auch an der Fruchtbarkeit der Böden. Im Classico waren diese nur für wenige landwirtschaftliche Erzeugnisse geeignet, was dazu führte, daß vor allem Reben angebaut wurden, die auch mit anspruchslosen Böden gut zurechtkommen. In Rufina hingegen war der Weinanbau nur eine von zahlreichen Möglichkeiten.

Schlichte Folge: War schon im Classico in der Vergangenheit das Niveau der Vinifizierung nicht das allerbeste, so wurde in Rufina der Wein auf einer sehr einfachen handwerklichen Stufe erzeugt.

Hinzu kommt, daß der Wein lange auf der Schattenseite der Konjunktur stand. Vor dem Ausbruch des Zweiten Weltkriegs war die Menge des in Flaschen verkauften Weins wesentlich höher als danach. Erst seit 10 oder 20 Jahren haben sich viele wieder verstärkt dem Flaschenverkauf zugewandt. Nennenswerte Erlöse sind mit offenen Weinen nicht zu erzielen. Nicht gerade gefördert wurde die Qualität schließlich durch die Tatsache, daß wegen der Nähe zu Florenz und der günstigen Verkehrsanbindungen viele Händler ansässig waren und sind, die aus allen Zonen Wein kaufen und als Chianti ohne Herkunftsangabe vermarkten.

Auffällig ist der gänzliche Mangel eines Typus Inhaber, wie er im Classico recht häufig ist. Bekanntlich sind einige der besten Güter im Classico von betuchten Ortsfremden gekauft worden. Anders in Rufina. Nahezu alle Güter sind seit Generationen im Familienbesitz. Schon aus diesem Grund sind Impulse von außen ausgeblieben – und Geldmittel. Denn wer in ein Weingut investieren kann, ohne kurzfristig auf die Rentabilität achten zu müssen, wird vermutlich bessere Ergebnisse erzielen als jemand, der nicht über diese Mittel verfügt und Investitionen entweder überhaupt nicht vornehmen kann oder nur in unzureichendem Maße.

Chianti Montalbano. Die Bedeutung des Namens Chianti für den Absatz in der Vergangenheit läßt sich kaum deutlicher zeigen als beim Chianti Montalbano. Die Weinberge überschneiden sich mit dem DOC-Gebiet des Carmignano westlich von Florenz. Und obwohl Carmignano im »Bando« von 1716 des Großherzogs Cosimo erwähnt wurde als einer der vier Weine mit geschützter Ursprungszone, also ein geschichtsträchtiger Name ist, schien er zu Anfang des Jahrhunderts nicht viel zu gelten. 1932 wurde er zum Chianti. Hauptsächlich marktpolitische Gründe waren wohl für den Verzicht auf den alten Namen verantwortlich. Man dachte, er sei als Chianti einfacher zu vermarkten denn als unbekannter, in geringen Mengen erzeugter Wein.

Die Kehrtwende erfolgte aus ähnlichen Erwägungen. In einer Zeit, in der Chianti für vieles – und nicht nur Gutes – stand, hielt man es nicht zuletzt aus kommerziellen Gründen für angebracht, den alten Namen wiederzubeleben. Nach langjährigen Bemühungen vor allem von Ugo Contini Bonacossi gibt es seit 1975 wieder einen Carmignano, der in der Rebzusammensetzung dem Chianti recht ähnlich ist. Der Nachteil weniger Flaschen wurde zum Vorteil in einer Zeit, in der Spezialitäten gegenüber Massenweinen der Vorzug gegeben wird. Der Chianti Montalbano dagegen wurde durch die Renaissance des Carmignano praktisch zur Restgröße: mit höherem Hektarertrag, geringerer Mindestlagerzeit, weniger Prestige und entsprechend niedrigeren Preisen.

Die Flucht aus dem Chianti, die sich im Classico in einer Vielzahl von Tafelweinen niederschlägt – ein Boom, der noch immer ungebrochen ist –, setzte hier relativ früh ein, denn die ersten Bestrebungen sind schon in den 60er Jahren zu verzeichnen. Und noch etwas nahm man vorweg: die Zugabe von Cabernet. Für den Carmignano ist er seit Inkrafttreten des DOC-Statuts gesetzlich Pflicht, für den

Chianti als ergänzende Rebe seit Einführung des DOCG-Statuts zulässig, aber nicht vorgeschrieben.

Obwohl Montalbano mit 484 Hektar Rebfläche die zweitkleinste der Unterzonen ist, ist das Gebiet nicht einheitlich. Im nördlichen Bereich, der der Provinz Pistoia angehört, sind die Weine schwächer als in der Provinz Florenz. Gerade jener südliche Teil ist aber auch das Anbaugebiet des Carmignano, und für ihn werden verständlicherweise die besten Lagen reserviert. Der theoretische Vorteil ist also in der Praxis nicht gegeben.

Chianti Colli Fiorentini. Das gesamte Gebiet als eine Restgröße, das scheinen die Colli Fiorentini zu sein. All das, was in der Provinz Florenz nicht Rufina, Montalbano oder dem Classico zuzurechnen ist, wird unter dem Begriff Chianti Colli Fiorentini gefaßt. Die Colli Fiorentini liegen wie ein Halbring um das Gebiet des Chianti Classico, von der Höhe Castellinas aus im Westen, im Nordwesten angrenzend an den Chianti Montalbano über Florenz nordöstlich Richtung Rufina und südöstlich bis etwa zur Höhe Greves beidseitig des Flusses Arno. Da kommen immerhin mehr als 1000 Hektar Rebfläche zusammen. Von Florentiner Hügeln, so die Übersetzung, kann also nicht gerade die Rede sein. Einheitlich sind weder Böden noch Kleinklima. Einige Weine ähneln dem Chianti Classico, andere dem Chianti Rufina, eine eigene Charakteristik ist aufgrund der Zersplitterung nicht möglich.

Entsprechend ist die Identifizierung mit diesem 1932 geschaffenen Gebilde nicht sehr groß. Nur wenige Chianti dieser Anbauzone tragen den entsprechenden Herkunftshinweis auf dem Etikett, die meisten begnügen sich mit einem einfachen Chianti Putto oder Chianti. Möglich, daß sich in Zukunft hieran etwas ändert. Wie bei Rufina wurden die An- und Ausbaubestimmungen im DOCG-Statut dem des Chianti Classico angepaßt, sie sind damit deutlich schärfer als die der übrigen Chianti.

Chianti Colli Senesi. Mit knapp 3500 Hektar eingeschriebener Weinberge sind die Chianti Colli Senesi die bei weitem größte Unterzone und wie die Colli Fiorentini nicht zusammenhängend. Drei getrennte Sektoren sind es, die eigentlichen Colli Senesi, die sich entlang des Classico von Siena nach San Gimignano erstrecken, dann um Montalcino und um Montepulciano. Die beiden letzteren wurden früher übrigens als Colli di Montalcino und Colli di Montepulciano bezeichnet. Damit ist schon das Stichwort gegeben. Ähnlich wie bei Montalbano mit dem Carmignano überschneiden sie sich mit Anbaugebieten anderer DOC-Weine. Bei San Gimignano ist es der »Vernaccia«, bei Montalcino der »Brunello« und bei Montepulciano der »Vino Nobile«. Dort steht der Chianti im zweiten Glied.

Vernaccia, Brunello und Vino Nobile sind prestigeträchtiger, lassen sich leichter vermarkten, ein gemessen am Aufwand höherer Preis ist die Regel. Wer Brunello oder Vino Nobile erzeugt, für den ist Chianti allenfalls ein Zweitwein. Er stammt aus den schlechteren Lagen, ihm wird weniger Aufmerksamkeit gewidmet. Im Falle des Brunello ist er gar an die dritte Stelle gerückt, seine Position hat der »Rosso di Montalcino« eingenommen. Ähnliches ist für Montepulciano zu erwarten, wenn dem Vino Nobile in naher Zukunft der »Rosso di Montepulciano« an die Seite gestellt wird.

Die aus Frankreich bekannten großen Weingüter wird man im Chianti-Gebiet vergeblich suchen; hier wird der Weinbau meist noch in Kleinstbetrieben gepflegt.

Bei der landschaftlichen Schönheit der Toskana ist es nicht weiter verwunderlich, daß sich sogar »potente Aussteiger« aus den nördlicheren Regionen hier niederlassen, um ihren eigenen Wein anzubauen.

Chianti Colli Aretini und Chianti Colline Pisane. In diesen beiden Gebieten wird von der Möglichkeit der Herkunftsangabe kaum Gebrauch gemacht – oder präziser formuliert: noch seltener als in den bereits vorgestellten Zonen. Bei den Colli Aretini verwundert dies, zählt doch ein Teil des Gebiets zu den vier im »Bando« hervorgehobenen und geschützten Produktionszonen. Während man sich in Rufina auf seine Eigenständigkeit zurückbesann, in Carmignano den alten Namen wiederaufnahm – dies allerdings auf Kosten des Chianti Montalbano –, so ist vom alten Val d'Arno di Sopra mit dem Chianti Colli Aretini kein Einfluß auf die heutige Zeit zu spüren. Aber das war schon vor mehr als fünfzig Jahren so. Als die schon mehrfach zitierte Kommission ihre Vorschläge für die Grenzen der Anbaugebiete vorlegte, riet sie dringend, hier streng auszuwählen.

Die Colline Pisane hingegen sind weit entfernt, ein Randgebiet. Sie sind dem Meer näher als der Zentraltoskana, und diese Nähe beeinflußt auch das Klima, das milder, eher maritim ist. Ohne daraus sogleich einen Schluß auf die Qualität der Weine ziehen zu wollen, so ist doch klar, daß sie sich aufgrund der Entfernung und der anderen klimatischen Verhältnisse in ihrer Charakteristik von den übrigen Chianti deutlich unterscheiden. Trotz anderer Rebzusammensetzung ist der Chianti Colline Pisane zum Beispiel dem benachbarten Rosso delle Colline Lucchesi ähnlicher, er ist leichter, fruchtbetonter, als man es von einem Chianti erwartet. Ihm den gleichen Namen zuzugestehen läßt sich nur mit der Hypothek der Vergangenheit erklären, als fast alles, was dem Chianti ähnelte, unter dieser Bezeichnung vermarktet wurde. Doch groß ist die Produktion ohnehin nicht, gut 10 000 Doppelzentner Trauben beträgt die Ernte derzeit pro Jahr, aus denen sich theoretisch eine knappe Million Flaschen abfüllen lassen – verschiedene Erzeuger in der Toskana erreichen allein deutlich höhere Zahlen.

Der Chianti in Zahlen

Trotz aller Probleme ist die Anziehungskraft des Chianti offenbar nicht geschwunden. Auch wenn einige Erzeuger freiwillig darauf verzichten, ihren Wein Chianti zu nennen, und nur noch Tafelweine auf den Markt bringen, so sind sowohl die Zahl der Winzer, die einen Chianti DOCG herstellen – oder sich zumindest das Anrecht darauf gesichert haben –, als auch die in das Rebregister eingetragene Fläche der Weinberge zwischen 1984 und 1986 leicht gestiegen. Die sogenannte Flucht aus dem Chianti können sich nämlich nur diejenigen leisten, die in der Lage sind, einen Wein mit unbekanntem Namen auch abzusetzen. Die anderen tun besser daran, die vertraute Bezeichnung beizubehalten. Zwar gibt es mittlerweile viele Tafelweine, doch gemessen an der Gesamtproduktion ist die Menge gering. Und noch weniger ins Gewicht fällt die Zahl derer, die ganz auf das DOCG-Prädikat verzichten.

Auffallend sind die Angaben für den einfachen Chianti. Er bildet die bei weitem größte Gruppe und liegt noch vor dem Classico. Da in letzterem Gebiet kaum jemand freiwillig auf das Prädikat verzichtet, stammt der einfache Chianti zum einen aus all jenen Gebieten, die zu keiner der Unterzonen gehören. Oder er wird von jenen Winzern unter

Zahl der Chianti-Winzer (1986)		
	Chianti	2096
	Classico	875
	Colli Aretini	78
	Colli Fiorentini	166
	Colli Senesi	902
	Colline Pisane	62
	Montalbano	183
	Rufina	47
	Gesamt	4409

Ins Rebregister eingetragene Chianti-Weinberge in Hektar (1986)		
	Chianti	9 729,73
	Classico	6 566,57
	Colli Aretini	640,85
	Colli Fiorentini	1 082,54
	Colli Senesi	3 448,72
	Colline Pisane	242,11
	Montalbano	484,36
	Rufina	568,61
	Gesamt	22 763,49

Chianti-Ernte in Hektolitern (1986)		
	Chianti	423 188
	Classico	299 812
	Colli Aretini	16 919
	Colli Fiorentini	37 723
	Colli Senesi	140 912
	Colline Pisane	7 353
	Montalbano	14 567
	Rufina	22 978
	Gesamt	963 454

diesem Namen vermarktet, die auf die Zugkraft der ausge-
wiesenen Unterzonen nicht vertrauen. Denn welcher Käufer kennt die Colli Aretini oder die Colline Pisane? Der
Name Chianti ist eingeführt, der Zusatz weit weniger. Was

macht es also für einen Sinn, ihn zu führen, denken sich viele. Es schadet zwar nicht, hilft aber auch nicht.

Eine Auswahl der Besten

Ein Wein steht und fällt mit den Erzeugern. Mögen die Produktionsvorschriften streng sein, die Konsortien noch so qualitätsbewußt, letztendlich sind sie kein Garant für gute oder sehr gute Weine. Sie können allenfalls einen gewissen Mindeststandard garantieren. Deshalb sollen hier einige Güter namentlich empfohlen werden, die nach unseren Maßstäben zur Gruppe jener zählen, die gegenwärtig die besten Chianti erzeugen. Wir erheben dabei nicht den Anspruch, alle in Frage kommenden zu erwähnen, wohl aber, daß alle genannten zu dieser Gruppe zählen.

Bei mehreren Erzeugern wird auf ungleichmäßige Abfüllungen bzw. Jahrgänge aufmerksam gemacht. Unterschiedlich gutgemachte Jahrgänge deuten auf Schwankungen in der Erzeugung selbst hin. Der Grund ist oft mangelnde Erfahrung. Qualitativ verschiedene Abfüllungen vom gleichen Jahrgang sind verursacht durch die Praxis der meisten Güter, Faß für Faß abzufüllen und dabei nicht stets eine strenge Auswahl der Fässer vorzunehmen. Eine einzige Abfüllung mit genauer Überprüfung der Fässer und dem Verschnitt der Gesamtmenge ist noch nicht üblich. Das dadurch bedingte Problem mangelnder Konstanz wird zunehmend erkannt und an seiner Lösung gearbeitet. Für die meisten Winzer dürfte es in spätestens zwei, drei Jahren der Vergangenheit angehören.

Bei unserer Auswahl geben wir zu jedem Erzeuger das

ungefähre Preisniveau seiner Weine an. Beim Chianti Annata ist es in der Regel das des Jahrgangs 1986 bzw. 1985, bei der Riserva das der 83er. Die 85er Riserva, die ab 1989 auf den Markt kommt, wird voraussichtlich 10 bis 20 Prozent mehr kosten. Die Daten liefert unser »Kursbuch italienischer Wein« (erhältlich über den Buchhandel oder direkt bei Christa Klauke, Saarbrücker Str. 35, 4600 Dortmund 1). Dieses jährlich erscheinende Buch enthält im zweiten Teil ein nahezu vollständiges Verzeichnis der im Versand verfügbaren Weine, aufgeschlüsselt nach Wein, Jahrgang, Erzeuger, Anbieter und Preis. Die hier zugrunde gelegte Ausgabe 1989 enthält mehr als 700 Preise für den Chianti.

Bei der Liste verwenden wir folgende Abkürzungen:

▷ A = durchschnittlicher Preis für die jüngste Annata auf dem Markt
▷ R = durchschnittlicher Preis für die jüngste Riserva auf dem Markt
▷ P = durchschnittlicher Preis für den jüngsten Jahrgang bei den Weinen, die sich nun nicht mehr Chianti nennen.

Badia a Coltibuono. A: 12 DM/R: 16 DM.
Schlank, tanninbetont, gute Säure, etwas unstet.

Capannelle. P: 40 DM.
Kräftig, in sehr guten Jahrgängen sehr dicht, fein, gute Struktur. Der frühere *Chianti Capannelle* ist nun ein Tafelwein und nennt sich schlicht *Capannelle Rosso*.

Castello dei Rampolla. A: 15 DM/R: 18 DM.
Sehr gut gemacht, deutlicher Cabernetton und damit nicht mehr typisch.

Castello di Ama. A: 13 DM/keine jüngere Riserva im Angebot verzeichnet (die Einzellagen Bellavista, San Lorenzo kosten zwei- bis dreimal soviel).
Technisch sehr gut gemacht, rund, elegant, deutliche Schwankungen bei den einzelnen Jahrgängen bzw. Abfüllungen. Empfehlenswert ab 1983.

Castello di Nipozzano (Frescobaldi). R: 14 DM (existiert nur als Riserva).
Sehr kräftig mit ihm eigener Samtigkeit, typischer Chianti Rufina, langlebig. Sehr gleichmäßig in der Qualität.

Castello di Querceto. A: 12,50 DM/R: 15 DM.
Sehr gut gemacht, rund, etwas gefällig. Empfehlenswert ab 1983.

Castello di Uzzano. A: 15 DM/R: 13,50 DM.
Sehr fein, elegant, herb, sehr gute Struktur. Zählt eigentlich zur absoluten Spitzengruppe, doch zwischen 1978 und 1983 starke Schwankungen bei den einzelnen Abfüllungen.

Castello di Volpaia. A: 11 DM/R: 14,50 DM.
Fein, schlank, schöne Frucht. Größere Schwankungen bei den einzelnen Jahrgängen bzw. Abfüllungen. Empfehlenswert ab 1983.

Felsina. A: 11,50 DM/R: 15 DM
(aus der Einzellage Rancia 18 DM).
Schlank, kräftig, tanninbetont, gute Säure, sehr gute Struktur. Zählt seit dem 83er zur absoluten Spitzengruppe.

Fontodi. A: 12,50 DM/R: 18 DM.
Herb, mit guter Frucht und Säure, eher streng, manchmal etwas eckig.

Il Palazzino. A: 16 DM/R: 26 DM.
Kräftig, tanninbetont, doch mit weicher Komponente. Größere Jahrgangsschwankungen.

Isole e Olena. A: 11,50 DM/R: 16 DM.
Gut gemachter, runder, etwas gefälliger Chianti. Nicht immer typisch. Empfehlenswert ab 1983.

La Querce. A: 13,50, meist keine Riserva
(der 85er wurde teilweise als Tafelwein verkauft).
Füllig, sehr schöne Frucht, schöne Herbe mit weicher Komponente.

Monsanto. Zur Zeit keine jüngeren Jahrgänge auf dem Markt verfügbar.
Kräftig, wuchtig, sehr tanninbetont. Ungleichmäßig.

Monte Vertine. P: 33 DM.
Sehr fein, schlank-kräftig, sehr schöne Frucht. Macht seit 1983 keinen Chianti mehr, der gleiche Wein wird unter dem Namen des Gutes, also einfach *Monte Vertine Rosso*, verkauft.

Montenidoli. P: 13 DM.
Die Konstanz liegt in der Veränderung. Gleichwohl immer recht fein, fruchtig, mit guter Säure. Jung zu trinkende

Weine. Seit einigen Jahren ist der Chianti kein Chianti mehr, sondern der Tafelwein *Sono Montenidoli.*

Montesodi, Castello di Nipozzano (Frescobaldi).
R: 38 DM (nur Riserva).
Sehr gut gemacht, sehr kräftig, tanninbetont, zugleich fein. Seit 1981 deutlicher Cabernetton. Sehr gleichmäßig. Gehört zur absoluten Spitzengruppe.

Peppoli (Antinori). A: 19 DM (nur Annata).
Sehr geschmeidig, rund, fruchtbetont. Für einen Wein, der überwiegend aus Sangiovese besteht, ist er erstaunlich früh trinkbar.

Poggio al Sole. A: 15 DM/R: 28 DM.
Fein, sehr schöne Frucht, gute Säure, typisch. Unstet. Die Riserva ist oft leicht oxydativ.

Giorgio Regni. A: 17 DM/R: 29 DM.
Schlank, fein, sehr dichte Frucht. Konstant.

Riecine. A: 25 DM/R: 32 DM.
Kräftig, mit sehr schöner Frucht und guter Struktur. Konstant. Zählt zur absoluten Spitzengruppe.

Selvapiana. A: 8,50 DM/R: 11 DM.
Fein, geschmeidig, herb, im Alter mit Goût de goudron. Gehört zur absoluten Spitzengruppe. Ausgezeichnete Preis-Qualitäts-Relation.

Vecchie Terre di Montefili. A: 18 DM (zur Zeit keine Riserva verfügbar).
Schlank, aber sehr kräftig, dicht, konzentriert.

Villa Antinori (Antinori). R: 11 DM (nur Riserva).
Recht fein, etwas wenig Struktur. Leichter Cabernetton, an der Grenze des Typischen. Wohl der beste in großen Mengen erzeugte Chianti.

Villa Cafaggio. A: 12 DM/R: 16 DM.
Herb, schöne Frucht, leicht spröde. Mangel an Konstanz.

Vignamaggio. Zur Zeit kein jüngerer Jahrgang im überregionalen Handel.
Voll, herb, kräftig, gutes Tannin. Verfügt offenbar über herausragendes Rebmaterial, das nicht immer die entsprechende Vinifikation gefunden hat. Das Problem ist ab 1985 gelöst. Wird in Zukunft vermutlich zur absoluten Spitze gehören.

*E*s gibt nicht nur einen Chianti, sondern verschiedene Herkunftsgebiete. Der Gesetzgeber unterscheidet zwischen insgesamt sieben: Chianti Classico, Chianti Rufina, Chianti Montalbano, Chianti Colli Fiorentini, Chianti Colli Senesi, Chianti Colli Aretini und Chianti Colline Pisane. Wichtiger als die Herkunft ist wie bei jedem Wein die Qualität des Erzeugers.

Alte Probleme
und
neue Wege

Bis Ende der 60er Jahre war es üblich, daß der beste Wein im Gebiet des Chianti ein Chianti Riserva war. Die besten Trauben der besten Lagen blieben ihm vorbehalten, und er war der teuerste Wein des Erzeugers. Das wäre sicherlich heute noch so, wenn es möglich wäre, ohne größere Umstände angemessene Preise zu erzielen. Leider ist das auch nach Inkrafttreten des DOCG-Statuts nicht der Fall. Der Chianti hat weiterhin mit dem Image eines billigen Weins zu kämpfen, das es selbst für herausragende Erzeuger schwierig macht, hohe Preise zu erzielen. Es ist fraglich, ob sich auf absehbare Zeit daran etwas ändern wird.

Die problematische wirtschaftliche Situation hat ein erstaunliches Maß an Kreativität freigelegt, oder vielleicht ist es angemessener zu sagen: erzwungen. Mit verschiedenen Arten des Ausbaus wurde ebenso experimentiert wie mit internationalen Reben, wobei hauptsächlich der Cabernet Sauvignon zum Zuge kam. In der Folge hat sich innerhalb von noch nicht einmal zwei Jahrzehnten das Gebiet des Classico mehr gewandelt als in einem Jahrhundert zuvor. Es dürfte wenige Weinlandschaften geben, die eine so starke Dynamik aufweisen wie dieser Teil der Toskana.

Ein Ergebnis dieses tiefgreifenden Wandels ist sicherlich, daß das Angebot an hochkarätigen Chianti jetzt wohl deutlich besser ist als noch zu Beginn der 80er Jahre. Gleichwohl ändert das nichts daran, daß der Chianti im Vergleich zu den Tafelweinen etwas ins Hintertreffen gerät. Die neu entstandenen Weine kamen nämlich nur in Ausnahmefällen als Chianti auf den Markt. Weit überwiegend waren und sind es schlichte Vini da Tavola. Den Verbraucher verwirren vor allem die hohen Preise. Denn hinter einem landläufigen Vino da Tavola verbirgt sich in Italien normalerweise ein gewöhnlicher Wein, der wenige Mark kostet. In italienischen Kaufhäusern und Ladenketten findet man ihn in Zwei-Liter-Flaschen bereits für umgerechnet 2,50 DM. Warum also werden die hochwertigen und teuren Weine als Tafelwein vermarktet?

Was ist überhaupt Tafelwein?

Rechtlich sind die Tafelweine dadurch definiert, daß sie nicht zu den DOC-Weinen gehören. Knapp 90 Prozent der italienischen Gesamtproduktion entfallen auf die Tafelweine. Fast alle klassischen Weine sind inzwischen als DOC- bzw. DOCG-Weine anerkannt, ob es nun Soave und Valpolicella aus Venetien sind, Barolo und Barbaresco aus dem Piemont oder der Brunello di Montalcino aus der Toskana. Sie alle müssen wie der Chianti bestimmten Produktionsvorschriften genügen. Sie dürfen nur aus einem bestimmten Gebiet stammen, die erlaubten Reben sind ebenso festgelegt wie der Mindestalkoholgehalt und in einigen Fällen auch die Mindestausbauzeit.

Solche Vorschriften gibt es für die Tafelweine nicht, im allgemeinen gilt, daß sie schlechter sind als DOC-Weine. Doch keine Regel ohne Ausnahme. Einige der besten Weine Italiens zählen zu ihnen, was kurioserweise dazu geführt hat, daß – gerade in der deutschen Presse – die italienischen Tafelweine ohne Rücksicht auf die tatsächlichen Verhältnisse als Geheimtip gehandelt werden.

Die eigentliche Ursache der Verwirrung liegt im wesentlichen darin, daß unklar bleibt, daß sich hinter dem Etikett Tafelwein höchst unterschiedliche Typen verbergen, wobei die Spanne von uninteressanten Weinen bis hin zu einigen wenigen Spitzenweinen reicht. Man sollte daher nicht von Tafelwein schlechthin sprechen, sondern von verschiedenen Gruppen:

Fall 1: Zweifel sind angebracht. In einem bestimmten Anbaugebiet bringt eine Rebe bzw. Rebkombination einen Wein hervor, der DOC-Status hat. Ein solcher Wein muß also bestimmten Produktionsvorschriften genügen. Ein Beispiel: Der Barbera d'Alba ist ein DOC-Wein aus dem Piemont, der aus der Rebe Barbera nach bestimmten Produktionsvorschriften in der Gegend um Alba erzeugt wird. Die Mindestgradation beträgt 11 Prozent, der Höchstertrag ist auf 100 Doppelzentner Trauben pro Hektar beschränkt. Baut nun ein Produzent die Rebe in der gleichen Zone in Tallagen an, wo der Wein nur eine Gradation von 9,5 Prozent erreicht, erntet zudem 140 Doppelzentner und fügt noch billigeren Verschnittwein hinzu, so wird er den Wein beruhigenderweise als Vino da tavola bezeichnen müssen.

Ein beträchtlicher Teil der italienischen Tafelweine verdankt sich diesem Sachverhalt, und niemand käme auf die Idee, unter ihnen die interessantesten Weine Italiens zu vermuten. In einem solchen Fall wird der Käufer stets gut beraten sein, nach dem entsprechenden DOC-Wein zu suchen.

Fall 2: Vielleicht einmal ein DOC? Hier handelt es sich um Weine, die traditionell in einem bestimmten Gebiet angebaut werden, jedoch nicht als DOC-Weine anerkannt sind. Entweder weil das Verfahren noch nicht abgeschlossen ist oder weil es mangels Interesse bzw. mangels Qualität erst gar nicht in Gang gesetzt wurde. In dieser Gruppe befinden sich die meisten DOC-Weine der Zukunft, wie umgekehrt fast alle heutigen DOC-Weine sich dort einmal befunden haben. Eine präzise Aussage über die Qualität solcher Weine ist unmöglich, da die Spannbreite außerordentlich groß ist.

Nimmt man die beiden ersten Gruppen zusammen, hat man den weit überwiegenden Teil der Tafelweine erfaßt. Man liegt wohl richtig, wenn man sie auf über 90 Prozent schätzt.

Fall 3: Die neuen Gutsweine. In dieser Gruppe befinden sich schließlich jene Weine, die den Mythos des Vino da tavola überhaupt erst haben aufkommen lassen. Es sind Weine, die von zumeist qualitätsbewußten Gütern gemacht werden, welche eine Rebe, eine Rebkombination oder einen Ausbau wählen, die das DOC-Statut der Zone nicht vorsieht. Das heißt auch, daß ein solcher Wein nicht unbedingt besser ist als die DOC-Weine des Gebiets, wohl aber erst einmal anders. Er kann sich der Tatsache verdanken, daß ein Winzer eine Rebe anpflanzt, die es in dem entsprechenden Gebiet zuvor nicht oder nur in geringen Mengen gab, so etwa ein reinsortiger Cabernet Sauvignon aus der Toskana oder der Emilia-Romagna.

Ein anderer Typus: Es gibt Produzenten, die einen Wein machen, der zwar weitgehend die DOC-Regeln erfüllt, diesen aber als Tafelwein verkaufen. Das wird um so eher der Fall sein, wenn der DOC-Wein des betreffenden Gebiets nur einen niedrigen Preis erzielt. Betreibt ein Erzeuger um der Qualität willen einen hohen Aufwand, hat er Schwierigkeiten, die Kosten über einen höheren Preis hereinzuholen.

In gewisser Weise dokumentiert sich hier eine Flucht aus einem DOC-Wein hin zu einem Tafelwein, die nachgerade eine Pervertierung der ursprünglichen Absicht der Weingesetzgebung darstellt. Diente die Einführung des DOC-Status neben der Qualitätsanhebung auch der ökonomischen Besserstellung, so ist es offenbar bei einigen Weinen nicht gelungen.

Leider geht aus dem Etikett nicht hervor, um welche Art von Vino da tavola es sich nun wirklich handelt. Es gibt, wie bei den DOC-Weinen, keine allgemeine Regel, die ihre Berechtigung hätte, außer jener, daß noch stärker auf den Erzeuger geachtet werden sollte.

Der Verzicht auf den DOC-Status

Als Erklärung für den Verzicht auf das DOC-Prädikat werden zwei unterschiedliche Geschichten erzählt, eine herzzerreißende und eine andere, die den Nachteil hat, daß sie sich etwas gewöhnlich anhört, aber auch den Vorteil, daß sie stimmt. Die herzzerreißende lautet, daß der arme Winzer um der Qualität willen einfach gegen das Chianti-Statut habe verstoßen müssen. Denn bekanntlich verpflichtete ihn das Gesetz zu einem relativ hohen Weißweinanteil. Es wurde allerdings bislang kein Fall bekannt, in dem ein Verfahren wegen Unterschreitung des Mindestanteils in Gang gesetzt wurde. Zudem enthielten bereits in den 60er Jahren einige Chianti Riserva weniger als 5 Prozent Trebbiano und Malvasia, Mitte der 70er Jahre waren zahlreiche hinzugekommen, die nur aus roten Trauben gekeltert wurden. Spätestens seit Inkrafttreten des DOCG-Statuts hat sich die Erzählung als das herausgestellt, was sie immer war: als ein Märchen. Denn obwohl nun offiziell weitgehend auf weiße Trauben verzichtet werden kann, hat sich an dem stetigen Zufluß neuer Tafelweine nichts geändert.

Für den Verzicht auf das DOC- bzw. DOCG-Prädikat ist die schlichte Überlegung maßgebend, daß es für einen neuen Wein einfacher ist, mehr Geld zu erzielen, wenn er sich nicht Chianti nennt. Mit dem besseren Erlös kann mehr in die Erzeugung und eine bessere Flaschenausstattung investiert und natürlich auch mehr verdient werden. Gelingt es dem Winzer, seinen Wein bekannt zu machen, kommt jede Anstrengung, die er unternimmt, nur ihm selbst zugute. Schneidet zum Beispiel ein Chianti in einer vergleichenden Probe gut ab, hat als erster zwar der Erzeuger etwas davon, gleichzeitig aber auch der Chianti als Wein und damit alle, die ihn machen.

Die auf diese Weise in Gang gesetzte Entwicklung ist zweischneidig. Aus der Sicht des Erzeugers und des Verbrauchers ist sie erst einmal positiv zu bewerten. Es entstehen neue Weine, die oftmals sehr gut sind und somit eine Bereicherung darstellen. Anders sieht es von der Warte des

Gesetzgebers aus. Denn die negative Folge dieser Entwicklung ist, daß dem Chianti die produktiven und innovativen Kräfte entzogen werden. Gerade die Winzer, die bislang dafür gesorgt haben, daß über den Chianti geschrieben und gesprochen wird, sind jene, die die Tafelweine erzeugen. Man braucht sich nur vorzustellen, was von dem Nimbus Bordeaux übrigbliebe, wenn die Inhaber von Château Lafite, Latour, Margaux oder Haut-Brion aufhörten, Bordeaux zu erzeugen oder sich für einen Wein von gänzlich anderem Typus entschieden.

Ausstieg aus dem Chianti

Mittlerweile gibt es übrigens einige Winzer, die überhaupt keinen Chianti mehr machen. Von einer Ernte auf die andere wird der gleiche Wein mit einem neuen Etikett versehen. Der erste war »Capannelle«. Raffaele Rossetti ist einer der typischen Quereinsteiger des Gebiets. Sein erster Wein war der 75er und gleich ein großer Erfolg. Etikettiert war er – damals noch eine Selbstverständlichkeit – als Chianti. In der Rebzusammensetzung war er zwar nicht ganz gesetzeskonform, das kümmerte jedoch wenig. Jahre später machte Rossetti einen Tafelwein, aber auch weiterhin einen Chianti. Bei einem Besuch im Jahr 1984 sagte er noch, daß er nicht daran denke, auf ihn zu verzichten. Er befinde sich schließlich an einem Ort, wo der Chianti einfach dazugehöre. Kurze Zeit später hatte er es sich anders überlegt. Wenn eingangs zu lesen war, daß sich der Übergang von einer Ernte auf die andere vollzieht, trifft das für Rossetti nicht zu. Es war die gleiche Ernte, eine Partie

Nicht ganz unumstritten ist die Übernahme
der im Bordeaux-Gebiet seit langem gebräuchlichen
Praxis des Ausbaus der Weine in
Barriques, die den traditionellen Charakter
der Chianti-Weine verändert.

Der Chianti Rufina hat sein Potential noch nicht voll ausgeschöpft, was an vielfältigen Hypotheken der Vergangenheit liegt. Eine Ausnahme bildet die Fattoria Selvapiana, deren Weine vor allem durch ihren feinen, geschmeidigen und herben Charakter glänzen.

Längst hat die modernste Kellertechnik ihren Einzug ins Chianti-Gebiet gehalten. Von Kellerromantik kann in diesen edelstahlblinkenden Lagerhallen keine Rede mehr sein, doch die Verwendung von Edelstahltanks führt nicht unbedingt zu schlechteren Qualitäten.

wurde noch als Chianti vermarktet, der Rest als Tafelwein. Gewiß eine Rarität.

Der zweite Winzer war das notorische Enfant terrible des Gebiets. Sergio Manetti hat eine ähnliche Winzerbiographie. Auch er war ein Quereinsteiger und Senkrechtstarter. Schon früher machte er mit gezielten Provokationen auf sich aufmerksam. Seine letzte ist, daß er keinen Chianti mehr erzeugt, sondern statt dessen einen weiteren Tafelwein. Insgesamt sind es wohl gegenwärtig fünf. An der Rebzusammensetzung hat er natürlich nichts geändert. Sein ehemaliger Chianti ist heute wie damals ein Mischsatz aus Sangiovese und Canaiolo.

Um mit einer Erzeugerin zu schließen, diesmal aus den Colli Senesi: Seit kurzem verzichtet Elisabetta Fagiuoli von Montenidoli auf den Namen Chianti. Nicht mehr als sonst hat sie ihren Wein geändert, schon unter dem alten Etikett war sie so experimentierlustig wie heute.

Neue Rebsorten

Die Toskana war eigentlich immer ein Versuchsfeld für verschiedene Rebsorten. Seit Jahrhunderten existieren einheimische und ausländische Reben einträchtig nebeneinander. Die Importe verdankten sich in den vergangenen Jahrhunderten Einzelpersonen, eine durchgehende Tradition der Weinbereitung mit ausländischen Reben gibt es kaum. Eines der wenigen Beispiele ist das Anbaugebiet des weißen Montecarlo in der Nähe des Städtchens Lucca. Hierhin brachte ein Winzer um die Jahrhundertwende französische Weißweinreben wie Sauvignon und Sémillon.

Bereits im vergangenen Jahrhundert pflanzte ein Albizi im Gebiet der heutigen Pomino und Chianti Rufina unter anderem Cabernet und Merlot. Durch Heirat gelangten die Ländereien in den Besitz der Familie Frescobaldi, die seitdem von ihnen Gebrauch macht. Erst seit dem Ende der 60er Jahre wird zielstrebig versucht, in der Toskana ausländische Reben mehr als nur punktuell heimisch zu machen.

Mit den neuen Anpflanzungen zielen die Erzeuger auf einen Wein, der – da im Geschmack internationaler – besser beim ausländischen Publikum ankommen soll. In diesem Zusammenhang muß immer an die hohe Exportabhängigkeit gerade hochwertiger toskanischer Weinproduzenten gedacht werden. Insgesamt wird etwa die Hälfte exportiert, bei einigen beträgt der Anteil sogar mehr als 80 Prozent. Und er steigt weiter. Einen anderen Grund könnte man als Produktdiversifizierung bezeichnen. Es ist leichter, fünf verschiedene Weine à 20 000 Flaschen zu verkaufen statt 100 000 eines einzigen.

Unter den neuen Anpflanzungen steht bei den Roten der Cabernet Sauvignon an erster Stelle. Fast jedes hochkarätige Gut, zumal die etwas größeren, dürfte inzwischen über einen entsprechenden Weinberg verfügen. Reinsortig wird er allerdings weniger verwandt. Obwohl der Sassicaia schon vor Jahren gezeigt hat, daß sich mit einem hundertprozentigen Cabernet gute Ergebnisse erzielen lassen, wird er hauptsächlich mit Sangiovese verschnitten. Interessant ist, daß er für den Chianti gegenwärtig nicht häufig verwandt wird. Es gibt zwar prominente Beispiele, sie sind jedoch Einzelfälle geblieben. So wird seit Jahren der *Villa Antinori* mit einigen Prozent Cabernet erzeugt und seit Anfang der 80er Jahre der Chianti von Castello dei Rampolla, dieser allerdings mit einer wesentlich höheren Dosierung. Vermutlich spielen zwei Dinge eine Rolle. Cabernet dominiert leicht, kann bereits mit wenigen Prozent den Stil eines Weins deutlich ändern. Der Chianti würde damit zu einem anderen Wein. Ein anderer Grund dürfte sein, daß bislang nur wenig Cabernet vorhanden ist. So bleibt er zunächst dem Wein vorbehalten, der das meiste Geld erzielt.

Andere Rebsorten treten mengenmäßig nicht in Erscheinung. Verschiedentlich wird mit Pinot Nero, Syrah oder Merlot experimentiert, ohne daß vermutlich ein Trend eingeleitet wird. Reinsortig sind sie kaum zu finden. Ein Chianti mit Merlot zum Beispiel ist der *San Lorenzo* von Castello di Ama.

Das Barrique

Kein Trend hat Italiens Weine stärker verändert als der Ausbau im Barrique. Waren auf diese Weise ausgebaute Weine noch vor zehn Jahren die Ausnahme, die ohne größere Probleme von einem einzelnen überblickt werden konnten, ist das heute unmöglich. Es gibt Schätzungen, wonach deren Zahl bei rund 1000 liegt, und nahezu wöchentlich kommen neue hinzu. In der Toskana kamen die kleinen Fässer erstmals in Italien zum Einsatz, und der Anteil der Region an den in Italien verwandten Barrique-Weinen dürfte mehr als 50 Prozent betragen.

Mit der Verwendung des Barrique gelangte ein bis dahin völlig fremdes Element in den italienischen Weinbau. Nach dem traditionellen Verständnis italienischer Winzer ist ein

Holzton im Prinzip ein Defekt, den es zu vermeiden gilt. Ein mehr oder weniger deutlicher Holzton wird aber nun gerade mit dem Barrique-Ausbau angestrebt. Er entsteht durch die geringe Faßgröße von 225 Litern und die Tatsache, daß die Fässer nur wenige Jahre zum Einsatz kommen, meist nicht mehr als drei.

Kontrolliert wird die Dosis durch die Verweildauer – von wenigen Monaten bis etwa zwei Jahren – des Weines in den Behältnissen und das Alter der kleinen Fässer. Je nach Holz wird der Wein entweder zur Herbe oder zur Süße neigen. Sein Stil ändert sich noch in einem anderen Sinne. Er wird fülliger, reift früher als in den traditionellen großen Fässern. Damit ist auch schon erklärt, weshalb diese Machart, die ursprünglich aus dem Bordelais stammt, sich derzeit in Italien so großer Beliebtheit erfreut.

Ist die Verwendung des kleinen Fasses für Tafelweine gängige Praxis und kaum mehr strittig, so war das für den Chianti lange anders. Es hat Jahre gedauert, bis jemand Frescobaldis Castello di Nipozzano folgte, wo es bereits 1974 für den *Montesodi* eingesetzt wurde. Antinori läßt einen Teil der *Riserva Villa Antinori* kurze Zeit durch Barriques gehen. Doch selbst Erzeuger, die neben ihrem Tafelwein noch einen Chianti erzeugten, etwa Castello di Volpaia oder Monte Vertine, ließen diesen im traditionellen großen Faß.

Der Siegeszug des Barrique ist allerdings unaufhaltbar. Dort ausgebaute Chianti müssen nicht mehr mit der Lupe gesucht werden. Neu hinzugekommen sind Dutzende, so von Castello di Ama und Castello di Querceto. Vermutlich wird es in wenigen Jahren bei Erzeugern der ersten Garnitur zum Standard gehören. Freilich bewahrheiten sich gerade beim Chianti die Befürchtungen der Kritiker auf das deutlichste. Es sind überwiegend füllige, runde Weine, vielen mangelt es an Struktur, die chiantispezifische Finesse geht den meisten zumindest gegenwärtig ab. Gegenüber der Handschrift der Erzeuger treten Lagenunterschiede in den Hintergrund. Gewiß gefallen die Weine, aber viele deutlich im Sinne von gefällig.

Die neue Kellertechnik

Zu den neuen Wegen gehört unbestritten die grundlegende Modernisierung der Weinbereitung. War in einem Lehrbuch zu Beginn der 40er Jahre noch zu lesen, daß sich damals rund 70 Prozent der kellertechnischen Ausrüstung in einem weniger guten bis schlechten Zustand befand, so ist hier in den letzten zehn Jahren ein drastischer Wandel zu verzeichnen. Es hat eine Vielzahl größerer und kleinerer Veränderungen stattgefunden, der Prozeß der Weinbereitung verläuft nicht mehr zufällig, sondern die wesentlichen Einflußfaktoren werden zielstrebig kontrolliert.

Bei nahezu allen Großbetrieben und den Gütern der ersten Garnitur wird mittlerweile eine wirksame Überwachung des Gärverlaufs praktiziert, ob durch aufwendige computergesteuerte Kühlaggregate, die dafür sorgen, daß die gewünschte Temperatur eingehalten wird, oder auch mit relativ einfachen Methoden. Eines der grundlegenden Probleme früherer Weinbereitung ist damit entfallen: das fatale Stocken der Gärung. Denn die alkoholische Gärung setzt Wärme frei, und werden mehr als 35 Grad Celsius erreicht, stellen die Hefen ihre Arbeit ein, die Umwandlung von Zucker in Alkohol wird erst einmal gestoppt. Hat nun ein Wein mehrmals ein solches Auf und Ab hinter sich, ist ein Essigstich die natürliche Folge.

Neben der Kühlung spielt die Sauberkeit eine entscheidende Rolle. Selbst heute wird hier noch am meisten gesündigt. Das gilt vor allem in der Behandlung der Holzfässer, in denen die Weine einige Monate oder Jahre ausgebaut werden. Werden die Fässer, die teilweise mehrere Jahrzehnte alt sind, nicht stets gründlich gereinigt, nimmt der Wein einen mehr oder weniger ausgeprägten Fremdton an. Zu diesem Komplex gehört auch, daß die Weine regelmäßig abgezogen werden, d. h. mehrmals von einem Faß in ein anderes gepumpt werden. Der Sinn des Verfahrens liegt darin, daß sich – zumal beim jungen Wein – Trubstoffe absetzen, die unter Umständen ebenfalls für einen nicht reintönigen Wein verantwortlich sind.

Schließlich wird in jüngster Zeit bei hochwertigen Gütern nicht mehr faßweise abgefüllt, eventuell gar ein Jahrgang im Abstand von einem oder mehreren Jahren, sondern möglichst viele Partien werden miteinander verschnitten und zu einem Zeitpunkt auf Flasche gezogen. Einem der Grundübel der überlieferten Methode, nämlich höchst unterschiedliche Abfüllungen des gleichen Jahrgangs, kann so wirksam begegnet werden. Eine qualitative Steigerung wird weiterhin erzielt, wenn eine rigorose Auswahl vorgenommen wird und nur die besten Fässer bzw. deren Inhalt auf Flasche kommen. Einige Güter verkaufen zum Beispiel selbst von Jahrgängen wie 1986 ein Drittel ihrer Ernte als offenen Wein. Dieser wird übrigens für gutes Geld von Großbetrieben aufgekauft und erreicht auf diese Weise den Verbraucher.

Önologen: Garanten für Qualitätssteigerung

Die Spezialisierung und Verwissenschaftlichung in nahezu allen Bereichen hat auch vor dem Wein nicht haltgemacht. Die Bedeutung des Bodens, der richtige Zeitpunkt der Ernte, die Dauer der Gärung, der Einfluß der Temperatur, die Behandlung des Weins vor der Abfüllung, das und anderes mehr wird nicht mehr von einer Generation auf die andere weitergegeben, sondern ist eine Wissenschaft geworden und auch ein Lehrfach. Das beginnt mit Kursen und endet bei einem regelrechten Hochschulstudium. Pauschal werden Personen, die eine solche oder eine ähnliche Ausbildung absolviert haben, als Önologen bezeichnet.

Tätig sind Önologen in erster Linie in großen Betrieben. Eine andere Gruppe ist in der Beratung solcher Güter zu finden, deren Inhaber bei der Weinbereitung Unterstützung braucht. Gerade letztere finden in der Toskana ein weites Betätigungsfeld, wo nicht wenige Güter in den vergangenen Jahrzehnten von Personen übernommen wurden, die zuvor gänzlich andere Berufe innehatten.

Der qualitative Aufschwung des Chianti in den letzten Jahren verdankt sich zu einem wesentlichen Teil der Tätigkeit qualifizierter Önologen, ob sie nun als freie Berater arbeiten oder in großen Unternehmen fest angestellt sind. Exemplarisch seien hier deshalb vier der profiliertesten vorgestellt. Luciano Boarino und Giacomo Tachis, die bei Frescobaldi bzw. Antinori für die technische Seite der Weinbereitung verantwortlich sind, und die beiden freiberuflichen Önologen Franco Bernabei und Maurizio Castelli.

Giacomo Tachis. Einer der bekanntesten Önologen Italiens ist Giacomo Tachis. Sein Name ist verbunden mit zahlreichen Neuerungen, die nicht nur in der Toskana Schule gemacht haben. Die vielleicht wichtigste ist, gezeigt zu haben, daß auch Großbetriebe mit über zehn Millionen Flaschen im Jahr mehr als nur Durchschnittliches erzeugen können. Die Schaffung einer qualitativen Spitze, die den Namen tatsächlich verdient und die gewünschten Auswirkungen auf den Absatz des übrigen Programms hat, ist nicht zuletzt sein Werk. Sein bekanntester Wein ist der *Tignanello,* der erste hochwertige Tafelwein im Gebiet des Chianti Classico. Als im Barrique ausgebauter Sangiovese war er Vorbild für viele. Ohne seine Beratung hätte auch der Sassicaia schwerlich seinen Siegeszug antreten können. Tachis gehört zu den Pionieren einer kühlen Gärung für Weißweine in Italien mit dem Ergebnis, daß sie ihre vielgescholtene Plumpheit verloren.

Sein Ziel ist es, Weine zu erzeugen, die auch international gefallen. Für die Roten bedeutet das fülliger und mit weniger Säure. Wer den *Tignanello* über die Jahrgänge hinweg verfolgt, wird feststellen, daß er seiner Vorgabe immer näher kommt. Zu Anfang eher herb und spröde, kommt er nun fast trinkfertig auf den Markt.

Tachis Einstellung zu französischen Reben wie Cabernet und Chardonnay ist zwiespältig. Lange Zeit gehörte er wie Antinori zu den Förderern des Cabernet, heute neigt er mehr dazu, ihn als eine Hilfe anzusehen, solange der Sangiovese im Anbau weiterentwickelt wird. Nicht ganz so kraß ist seine Einstellung bei den Weißen. Er ist der Meinung, daß sie ihren Platz haben, aber keineswegs höherwertige einheimische Reben verdrängen sollten.

Luciano Boarino. Deutliche Parallelen zu Tachis weist der Werdegang von Luciano Boarino von Frescobaldi auf. Wie jener ist er gebürtiger Piemonteser, studierte in Turin und arbeitet in einem Betrieb, der jährlich mehrere Millionen Flaschen auf den Markt bringt und seit vielen Jahren eine qualitative Spitze pflegt. Und schließlich machte er wie Tachis auf Auslandsreisen Bekanntschaft mit internationalen Methoden der Weinbereitung. Bei der Umsetzung ist er hingegen einen anderen Weg gegangen. Frescobaldi blieb im Gegensatz zu Antinori im Rahmen der italienischen Weingesetzgebung; der beste und teuerste Wein, der *Chianti Rufina Montesodi,* war und ist ein Chianti und kein Tafelwein. Neu an ihm war zweierlei: ein – zunächst sehr geringer – Anteil Cabernet und der Einsatz des Barrique. Der *Montesodi* war jahrelang der einzige Chianti, der das Barrique durchlaufen hatte.

Neue Wege einzuschlagen und dennoch im Rahmen der Tradition zu bleiben fiel bei Frescobaldi leicht. Seit dem 19. Jahrhundert befinden sich in den Weinbergen der Familie Cabernet, Pinot Nero und Chardonnay, also genau jene Reben, die die anderen Chianti-Erzeuger erst in den letzten zehn, zwanzig Jahren neu haben anpflanzen müssen. An diese Tradition konnte Boarino anknüpfen.

Doch es wäre falsch, ihn als risikoscheu einzustufen. Nichts zeigt das besser als der erste *Il Benefizio di Pomino.* 1973, als alle Welt von jungen, frischen Weißweinen redete, beließ er den Most eineinhalb Tage auf den Schalen, baute den Wein im Barrique aus und brachte ihn erst nach mehreren Jahren auf den Markt. Weine eines solchen Stils folgten in der Toskana erst mehr als zehn Jahre später.

Nicht zu übersehen ist allerdings, daß Frescobaldi und damit Boarino sich in den letzten Jahren dem vorherrschenden Geschmack anpassen. Der *Benefizio* entwickelt sich langsam zum fast reinsortigen Chardonnay und ist nicht mehr der einzigartige Weißwein, der er in den 70er Jahren war. In die gleiche Richtung weist der seit dem Jahrgang 1981 deutlich erhöhte Anteil Cabernet beim *Montesodi*.

Maurizio Castelli. Zu den erfolgreichsten freiberuflichen Önologen gehört Maurizio Castelli. Obwohl noch nicht einmal ein Jahrzehnt selbständig, ist er nicht nur viel beschäftigt, sondern hat sein Betätigungsfeld über die Toskana hinaus ausgeweitet. Seine Spuren sind inzwischen auch in Südtirol und in Umbrien zu finden. In die Toskana verschlagen hat es ihn durch seine Frau – sie stammt von dort. Zur Önologie kam er erst nach seinem Studium der Agrarwissenschaften, er wurde technischer Berater des Konsortiums Gallo Nero.

Zu seinem Werdegang gehören ebenfalls zahlreiche Reisen ins Ausland, natürlich in Sachen Wein und Weinbereitung. Es ist deshalb nicht verwunderlich, daß er stark auf das Barrique setzt und mit fremden Reben experimentiert, ob nun dem roten Cabernet oder dem weißen Sauvignon. Gleichwohl hegt er wie alle Önologen der Toskana eine ausgesprochene Wertschätzung des heimischen Sangiovese, dessen Möglichkeiten seiner Meinung nach noch längst nicht ausgelotet sind. Sosehr er sich für das Barrique ausspricht, für den Chianti lehnt er es entschieden ab. Seiner Meinung nach wäre dann der Chianti keiner mehr.

Füllige, fast opulente Weine mit deutlichem Holzton und

mäßiger Säure sind sein Idealbild. Und manchmal geht er seinen Auftraggebern zu weit. Jüngst geschehen beim ersten Sauvignon von Castello di Volpaia, dem 86er *Torniello*. Er hatte einfach von allem zuviel: Er schmeckte zu sehr nach Sauvignon und vor allem zu deutlich nach Barrique. Für den 87er mußte Castelli sich also ein wenig zurücknehmen – schade.

Castelli dürfte zu den experimentierfreudigsten Personen in der Weinbereitung gehören, denn wer außer ihm käme nicht nur auf die Idee, Sangiovese mit Nebbiolo zu verschneiden, sondern auch ernsthaft zu überlegen, sie in die Tat umzusetzen, wie es kürzlich geschehen ist. Und er zählt zu den wenigen Önologen, die einen eigenen Wein machen – oder besser: deren vier, wenn auch die Grundweine gekauft werden. Mit einigen Freunden gründete er die Firma Vinattieri. Vermarktet werden bislang zwei Rote aus der Toskana und zwei Weiße aus dem Trentino, drei davon – wie könnte es anders sein – aus dem Barrique.

Franco Bernabei. Obwohl Franco Bernabei der jüngste der hier Porträtierten ist und damit auf eine noch recht kurze Karriere zurückblickt, ist er einer der Vielbeschäftigtsten. Sein Spektrum ist zwar nicht ganz so breit wie das Castellis, aber es reicht immerhin von unkomplizierten Weißweinen über Chianti und hochwertige Tafelweine bis hin zum Brunello di Montalcino von Lisini. Er dürfte die strengsten Forderungen stellen, wenn er die Beratung eines Gutes übernimmt, denn er verlangt nichts anderes, als daß der Inhaber seine Qualitätsmaßstäbe übernimmt, und zwar unabhängig von etwaigen finanziellen Einbußen. Daß es sich dabei nicht um Lappalien handelt, wird an einem einzigen Beispiel deutlich. Bei einem Chianti-Erzeuger verkaufte er von dem durchaus guten Jahrgang 1986 nicht weniger als ein Drittel der gesamten Ernte als offenen Wein, weil er seinen Ansprüchen nicht genügte.

Bernabei lernte seinen Beruf von der Pike auf, erst an einer Weinfachschule und dann mehrere Jahre als festangestellter Önologe bei einem großen Chianti-Produzenten. Wie wenige ist er mit allen Details der Weinbereitung vertraut. Das fängt bei der Arbeit im Weinberg an und endet bei der Analyse der fertigen Weine. Allein sein privates Labor hat Unsummen verschlungen. Anders als Maurizio Castelli macht Franco Bernabei keinen eigenen Wein. Das gilt zumindest solange, wie er als beratender Önologe für andere tätig ist. Seine Entscheidung ist also nicht unumstößlich, denn natürlich reizt es auch ihn, einen Wein ganz nach seinen eigenen Vorstellungen zu erzeugen.

Sein Idealbild sind Weine mit viel Kraft, eher streng und mit guter Säure. Vor allem müssen sie technisch perfekt sein, und einer seiner ersten Schritte bei der Übernahme einer Beratung gilt der Sauberkeit. Keller und Fässer, der gesamte Bereich der Weinbereitung, müssen gründlich gereinigt werden. Doch er sieht auch – wie Castelli übrigens –, daß es nicht darum gehen kann, überall den gleichen Stil durchzusetzen. Er will je nach Anbauzone und Kellerausstattung das Beste aus dem Gut herausholen. Das bedeutet etwa bei einem Barrique-Wein je nach Typus eine längere oder kürzere Ausbauzeit oder bei der Gärung des Chianti eine unterschiedliche Dauer des Schalenkontakts. Voraussetzung dafür ist, über jedes Detail sofort informiert zu werden – oder ganz einfach: sich jedem betreuten Gut intensiv zu widmen.

Betrachtet man das Wirken dieser und anderer Önologen, so ist es eigentlich ungerecht, daß sie normalerweise nicht erwähnt werden, allenfalls in einem Satz. Ohne ihre Tätigkeit hätten sehr viele Güter nicht ihr heutiges qualitatives Profil erreicht. Gemeint ist damit nicht nur die technische Seite der Weinbereitung, daß die Weine keine Mängel (mehr) aufweisen. Die Önologen beschränken sich nicht auf die Umsetzung der Vorgaben der Inhaber, sondern sie regen an. Ihre Aufgaben reichen eindeutig in den kreativen Bereich.

Seit einigen Jahren ist der Chianti im Umbruch. Der Status DOC bzw. DOCG hat an Attraktivität verloren. Viele Erzeuger bringen neben ihrem Chianti einen hochwertigen Tafelwein auf den Markt. Neue Rebsorten, vor allem die französische Edelrebe Cabernet Sauvignon, haben Eingang in die Chianti-Formel gefunden.
Es nimmt die Zahl derer zu, die für den Ausbau des Chianti das Barrique einsetzen. Verbesserungen in der Kellertechnik und der Einsatz von Önologen sorgen für gestiegene Qualität.

Die hochwertigen Tafelweine

Dieses Kapitel fällt gleich aus zwei Gründen aus dem Rahmen: Weder ist vom Chianti die Rede noch allein von Weinen, die in seinem Anbaugebiet wachsen. Doch heutzutage ist es unmöglich, über Chianti zu schreiben, ohne die Tafelweine zu erwähnen. Der Chianti und der hochwertige toskanische Tafelwein bilden zwei Seiten ein und derselben Medaille. Die *Vini da Tavola* sind entstanden wegen der Probleme des Chianti, umgekehrt wird die weitere Entwicklung des Chianti entscheidend mitgeprägt durch die Erfahrungen der Erzeuger mit den Tafelweinen. Und da auch einige Güter außerhalb der Anbauzone des Chianti hervorragende Weine dieses Typus machen, werden sie der Vollständigkeit halber mit erwähnt.

Der Unterschied zum Chianti

Sollte jemand auf die Idee kommen, den Unterschied zwischen Chianti und Tafelweinen hauptsächlich in der Rebzusammensetzung zu suchen, er müßte verzweifeln, da er nicht fündig würde. Bereits im letzten Abschnitt sind einige

Beispiele erwähnt worden, bei denen Erzeuger von heute auf morgen dem gleichen Inhalt ein anderes Etikett verpaßten und auf diese Weise ihren Chianti zum Tafelwein machten. Und zahlreiche Weine, die seinerzeit als Tafelweine entstanden, hätten spätestens nach Inkrafttreten des DOCG-Statuts das Recht, sich Chianti zu nennen, zumindest in der liberalen Handhabung der Praxis. Das gilt für die meisten Tafelweine, die zu 90 oder mehr Prozent aus Sangiovese bestehen, wie etwa *Le Pergole Torte, Coltassala* oder *Grosso Sanese*. Aber auch jene, die einen nicht zu hohen Anteil Cabernet aufweisen, hätten mit der Bezeichnung Chianti keine Schwierigkeiten. Das tritt etwa für den *Tignanello* zu. Die Grenze wäre nur bei reinsortigen Cabernets überschritten oder aber solchen Weinen, wo der Cabernet den Wein eindeutig prägt, wie es beim *Sammarco* der Fall ist. Sie wären nicht mehr mit den Vorschriften des DOCG-Statuts vereinbar.

Versucht man die Unterschiede zwischen Tafelwein und Chianti zu präzisieren, wird man schnell erkennen, daß es gegenwärtig keine klar geschnittene, trennscharfe Definition geben kann – und in Zukunft weniger denn je. Es wird auf eine Auflistung einzelner Faktoren hinauslaufen, die erst in ihrer Gesamtheit den Unterschied mit hinreichender Aussagekraft fassen. Da ist einmal der Preis. Der Tafelwein ist immer teurer als der Chianti des gleichen Gutes, normalerweise um rund die Hälfte. Die Flaschenausstattung ist kostspieliger, d. h. die Flasche ist schwerer und der Kork länger und besser. Der Wein ist im Barrique ausgebaut worden, und zwar so, daß es deutlich merkbar ist. Es ist allerdings offen, wie lange der Ausbau im Barrique als Abgrenzungskriterium trägt. Gegenwärtig sind

Barrique-Chianti zwar noch Ausnahmen, zumindest bei Gütern der ersten Garnitur aber wohl nicht mehr lange. Der wichtigste und auf längere Sicht folgenreichste Unterschied ist aber, daß für den Tafelwein die besten Trauben genommen werden, aus der besten Lage, über die der Betrieb verfügt, oder durch einen eigenen Lesegang. Das heißt nichts anderes als daß für den klassischen DOCG-Wein das Ausgangsmaterial schlechter ist. Zwischen beiden liegen keine Welten, doch kleinere Qualitätsunterschiede sind nicht zu bestreiten.

Die Pioniere des Tafelweins

Die beiden Güter, die als erste neben ihrem Chianti Classico einen Tafelwein herstellten und sich damit profilierten, waren Antinori und Monte Vertine. Bereits 1971 erzeugte Antinori seinen *Tignanello,* der zum Prototyp der neuen italienischen Tafelweine wurde und innerhalb weniger Jahre zu einem festen Begriff. Der erste Jahrgang war im Grunde ein waschechter Chianti im Barrique mit der weißen Malvasia und ohne Cabernet. Er enthielt die klassischen Rebsorten der Toskana einschließlich 5 Prozent weißer Trauben. Technisch neu war etwas anderes: der Ausbau im Barrique. Seine endgültige Gestalt nahm der *Tignanello* erst Ende der 70er Jahre an. Seitdem beträgt das Mischungsverhältnis rund 80 Prozent Sangiovese und 20 Prozent Cabernet.

Das erste der kleineren Güter, das ihm folgte, war 1977 Monte Vertine mit seinem *Le Pergole Torte.* Es zeigte damit, daß auch ein Betrieb mit einer Jahresproduktion von nur

Der Chianti eignet sich als idealer
Begleiter zu feinen Braten, es sollte aber
schon ein Chianti Classico sein.

Zu einem deftigen Eintopf oder Ragout
empfiehlt es sich, den Chianti
in einer kräftigen Version zu wählen.

einigen zehntausend Flaschen finanziell zu einem solchen Experiment in der Lage ist und damit Erfolg haben kann.

Der Alltag der Tafelweine

Seit den 80er Jahren hat sich fast eine Tradition in Sachen Tafelwein eingebürgert. Einen solchen zu erzeugen, bedarf es längst nicht mehr Pioniergeist, sondern bedeutet lediglich eine Anpassung an die Gegebenheiten. Ständig kommen neue hinzu, das Muster selbst bleibt gleich. Inzwischen gibt es kaum ein hochkarätiges Gut, das neben seinem Chianti keinen Tafelwein erzeugt. Großbetriebe haben spätestens seit den 80er Jahren eine qualitativ hochstehende Linie von Tafelweinen, die neben den Chianti erzeugt werden. Sie nehmen noch stärker als bei den kleineren Gütern die Rolle des Zugpferdes ein. Man will damit zeigen, daß ein großer Betrieb nicht nur durchschnittliche Qualität erzeugen, sondern auch im Bereich der Spitzenweine mitmischen kann.

In der Rebzusammensetzung gibt es mehrere Varianten. Vermutlich am häufigsten sind Weine, die reinsortig aus Sangiovese bestehen oder allenfalls geringfügige Beimengungen anderer lokaler Reben wie Canaiolo enthalten. Zu den unserer Ansicht nach besten dieser Gruppe zählen *La Gioia* (Riecine), *Le Pergole Torte* (Monte Vertine), *Grosso Sanese* (Il Palazzino), *Fontalloro* (Felsina), *Coltassala* (Castello di Volpaia), *Flaccianello* (Fontodi), *San Niccolò da Uzzano* (Castello di Uzzano), *Borro Cepparello* (Isole e Olena) und *Elegia* (Poliziano).

Eine zweite Gruppe wird gebildet aus Mischsätzen von

Sangiovese mit mehr oder weniger großen Zugaben von Cabernet bzw. anderen Reben wie Merlot, in Zukunft eventuell auch Syrah. Zu ihnen gehören *Solaia* (Antinori) und *Sammarco* (Castello dei Rampolla), beide mit einem Cabernetanteil von rund 70 bis 80 Prozent, der Rest entfällt auf Sangiovese. Sangiovese enthält der *Solaia* erst seit den letzten Jahrgängen, zuvor war er ein reinsortiger Cabernet. Als gelungen bezeichnen muß man auch den *Grifi* (Avignonesi) und den ersten Jahrgang 1985 des *Balifico* (Castello di Volpaia). Deutlich geprägt vom Sangiovese als Hauptrebe sind der *Tignanello* (Antinori) und der *Grattamacco Rosso* (Meletti Cavallari). Gleiches gilt für den *Convivio* (Regni), nur ergänzt hier ein wenig Merlot statt Cabernet.

Nicht zu vergessen die reinsortigen Cabernets. Zu nennen ist hier in erster Linie der Klassiker *Sassicaia* (Tenuta San Guido). Vielversprechend sind die ersten Faßproben der 87er Cabernets von Avignonesi und Poliziano, nur werden die Weine noch ein wenig auf sich warten lassen.

Ein neuer Trend: hochwertige Weiße

Der Vollständigkeit halber sei noch auf den sich verstärkenden Trend zu hochwertigen weißen Tafelweinen hingewiesen. Gemeinsames Kennzeichen ist der Ausbau im Barrique – bei einigen findet dort sogar die Gärung statt – sowie die nahezu ausschließliche Verwendung von Edelreben, vorzugsweise Chardonnay und Sauvignon. Unsere Empfehlung hier: der Klassiker *Il Benefizio di Pomino* (Frescobaldi), der schon in den 70er Jahren entstand und deutlich von Chardonnay geprägt ist, Castello di Volpaias Sauvignon namens *Torniello,* den es erstmals als 86er gab, den Chardonnay *Ariella* (Castello di Gabbiano) und den Mischsatz *Meriggio* (überwiegend Pinot Bianco) von Fontodi. Nach ersten Faßproben vielversprechend erscheint uns auch der Chardonnay von Capannelle.

*D**em Chianti ist eine Konkurrenz auf eigenem Gebiet entstanden. Der hochwertige Tafelwein gewinnt an Boden. Für viele Winzer ist er der beste Wein des Gutes, dem sie die meiste Energie und das meiste Geld widmen. Fast alle dieser Tafelweine werden im Barrique ausgebaut. Ihre Rebzusammensetzung ist uneinheitlich, die meisten haben einen hohen Anteil Sangiovese. Eine ganz neue Entwicklung sind die hochwertigen Weißweine, auch sie ausgebaut im Barrique.*

Der
Chianti
hierzulande

Es gibt wenige italienische Weine, die auf eine solche Erfolgskarriere auf dem deutschen Markt zurückschauen können wie der Chianti. Und noch weniger, die in einer solchen Vielfalt an Erzeugern vertreten sind. Man kann davon ausgehen, daß praktisch jeder gute Hersteller mit seinen Weinen hierzulande präsent ist.

Der erfolgreichste italienische Wein

Ungefähre Zahlen über die in die Bundesrepublik importierte Menge an Chianti gibt es leider nur für das Classico, und selbst die sind nicht so, daß sie von Freunden höchster Genauigkeit das Prädikat »exakt« erhielten. Aber immerhin lassen sich in etwa die Menge und die Entwicklung im Zeitverlauf bestimmen. Bekannt ist die Gesamtproduktion, während der Teil, der nach Deutschland exportiert wird, nur als vage prozentuale Angabe vorliegt.

Bis Mitte der 70er Jahre war der Export von Chianti Classico nach Deutschland mit rund 5 Prozent der Gesamtproduktion nicht sehr bedeutend. Eine starke Steigerung setzte erst im folgenden Jahrzehnt ein. Selbst wenn genaue Zahlen nicht verfügbar sind, so ist Deutschland doch inzwischen der größte Auslandsmarkt und dürfte gegenwärtig ein Viertel, wenn nicht mehr der gesamten erzeugten Menge an Chianti Classico abnehmen. Erst mit einigem Abstand folgen die Vereinigten Staaten, Großbritannien und die Schweiz. In absoluten Zahlen heißt das, daß auf dem deutschen Markt pro Jahr etwa 8 bis 10 Millionen Flaschen Chianti Classico angeboten werden. Da für die anderen Gebiete keine prozentualen Angaben für den Export vorliegen, können nur Vermutungen angestellt werden. Rechnet man auf dieser Basis hoch, werden hierzulande derzeit maximal 20 bis 22 Millionen Flaschen Chianti vertrieben, die nicht den Zusatz Classico tragen.

Ein unausrottbar guter Ruf

Wohl nur wenige Weininteressierte können mit dem Namen Chianti nichts anfangen. Gründe für seine Popularität gibt es viele. Da ist einmal seine Herkunft. Wer kennt nicht die Toskana, hat nie etwas von Florenz oder Siena gehört? Die Region ist ein beliebtes Reiseziel, und Essen und Wein gehören nun einmal zu einer solchen Reise. Schöne Ferienerinnerungen lassen sich problemlos auffrischen mit dem Wein, den man dort getrunken hat.

So groß die Besucherzahlen sein mögen, zur Erklärung des Erfolgs reichen sie natürlich bei weitem nicht aus. Viel wichtiger ist die Art des Weines. Und hier bietet er nahezu für jeden etwas. Ein unkomplizierter, süffiger Wein ist gefragt? Kein Problem mit einem Jahrgangs-Chianti, den verschiedene Erzeuger genau in diese Richtung ausbauen. Ein langlebiger, herber, tanninbetonter Wein soll es sein? Ein Chianti Riserva guter Winzer erfüllt diese Bedingungen. Das Spektrum ist weit. Es reicht von leicht bis kräftig, von unkompliziert bis anspruchsvoll, jung zu trinken bis lange lagerfähig – und jeder dieser Weine steht in der Tradition des Chianti.

Für seine Verbreitung hat nicht zuletzt der günstige Preis gesorgt. Die nun so häufig angebotenen Billigweine hingegen stehen mitnichten für Qualität, sie bedienen einen Markt, auf dem überspitzt formuliert nur der Niedrigpreis zählt, der Inhalt wenig bedeutet, Hauptsache, es steht Chianti drauf. Der Name des Erzeugers spielt keine Rolle. Der Absatz ist hier vom Preis bestimmt. Nur wer genauso billig ist wie sein Konkurrent, hat Erfolg. Dieses Denken hat den Preis noch weiter nach unten gedrückt, die Tiefstpreise sind, wie ein Fachmann kürzlich in einem Interview äußerte, kaum noch zu erklären.

Nun könnte man meinen, daß das für das Ansehen eines Weines nicht ohne Folgen bleibt. Und italienische Weine, die auf ähnliche Art ihren Ruf verspielt haben, gibt es durchaus. Dazu gehören etwa Kalterer See, Valpolicella und Bardolino. Daß sich unter diesen mehr als nur Standardware, teils ganz vorzügliche Weine finden lassen, ist den meisten Verbrauchern nicht geläufig. Der Chianti wird diesem Schicksal wohl entgehen, dafür spricht schon seine eiserne Konstitution, und es gibt letztendlich zu viele Erzeuger, die einen guten bis ausgezeichneten Chianti machen. Wer einmal einen solchen erstklassigen Chianti probiert hat, den werden die Produkte um die drei Mark kalt lassen. Er ignoriert sie einfach.

Wie auswählen und was anlegen?

Der wirklich interessierte Käufer wird sich bei seiner Wahl weder ausschließlich durch den Schriftzug leiten lassen noch durch den niedrigen Preis. Für ihn erfolgt die Auswahl sehr bewußt: nach Jahrgang, Erzeuger, Geschmacksrichtung, Annata oder Riserva usw. Natürlich spielt dabei auch der Preis eine Rolle, aber nicht absolut, sondern in Beziehung zur Qualität. Da mag sich jeder seine individuellen Grenzen setzen, etwa dergestalt, daß ein einfacher Chianti nicht mehr als 7 oder 10 DM kosten soll und eine Riserva nicht mehr als 10 oder 15 DM; ein anderer mag das Maximum niedriger ansetzen und ein dritter bereit sein, für die entsprechende Qualität das Doppelte auszugeben. Unterschiede werden bei solch einer bewußten Wahl wahrgenommen. Der Chianti ist nicht einfach austauschbar gegen einen anderen, eventuell ähnlichen Wein. Es ist der Chianti Rufina des Jahrgangs 1983, ausgebaut als Riserva, erzeugt vom Gut AB einfach anders als der Chianti Annata 1986 aus den Colli Fiorentini vom Gut CD.

Die unterste Grenze, die man sich beim Kauf eines einfachen Chianti setzen sollte, liegt bei 6 DM, wenn eine bestimmte Mindestqualität zwar nicht gewährleistet, aber doch wahrscheinlich sein soll. Zwar gibt es Ausnahmen von der Regel, ein ordentlicher Wein ist schon mal für weniger erhältlich, aber da muß man schon etwas Glück haben.

Für eine Riserva, die immerhin mehr als drei Jahre ausgebaut und gelagert werden muß, bevor sie in den Handel gelangen darf, ist der Richtwert nach unten etwa 10 DM. Ebenso wie es günstigere Weine gibt, die durchaus empfehlenswert sein können, sind Ausreißer nach oben möglich. Will heißen, daß ein Chianti Annata für 10 DM auch einmal nichts taugen kann. Und nicht stets steigt die Qualität mit dem Preis.

Wer sichergehen will, hat mehrere Möglichkeiten. Da ist das weite Feld an Büchern und Zeitschriften, in denen man sich über die Qualität von Gütern und Jahrgängen informieren kann. Empfehlenswerte Erzeuger liegen mit ihren Weinen zwar teils deutlich über den obengenannten Grenzen, doch das ist nicht weiter verwunderlich, denn sie zählen zur Creme des Chianti. Ganz allgemein ist jedem, der sich wirklich für Chianti interessiert, zu raten, mehrere der in den verschiedenen Quellen aufgeführten Weine zu probieren, denn nur so wird er einen eigenen Maßstab entwickeln können und anschließend, seinem eigenen Urteil vertrauend, sicher auswählen können.

Wo es guten Chianti gibt

Wobei wir bei dem Thema wären, wo der Wein sinnvollerweise gekauft werden sollte. Gute Chianti sind im Lebensmittelhandel und in Kaufhäusern nur selten zu finden. Der Grund hierfür ist die Struktur des Einzelhandels. Bedingt durch das Filialsystem wird im Regelfall zentral eingekauft, und das bedeutet große Mengen. Weine in hunderttausend- oder gar millionenfacher Auflage mögen technisch in Ordnung sein, wirklich gut sind sie meistens nicht. Zudem gilt hier als Leitmotiv, daß ein Wein nicht zuviel kosten darf. Nimmt man nun beides zusammen, gibt es wenig Lebensmittelgeschäfte, in denen Weine von mehr als nur durchschnittlicher Qualität anzutreffen sind. Es gibt allerdings Gegenbeispiele. Der Chianti Classico Riserva *Villa Antinori,* der in Kaufhäusern ebenso zu sehen ist wie im Lebensmittelhandel, ist keine schlechte Wahl. Doch er nimmt eine Ausnahmestellung insofern ein, als er preislich über dem sonstigen Chianti-Angebot liegt. Eine Flasche kostet immerhin mehr als 10 DM, setzt sich somit deutlich von seinen Nachbarn im Regal ab.

Die Alternative ist der Weinfachhandel, der auch den Vorzug hat, daß das Angebot dort wesentlich größer ist. Und gerade auf diesem Gebiet hat sich in Deutschland in den letzten zehn Jahren sehr viel getan. Vor allem in Großstädten wie Hamburg, Berlin, Bremen, Düsseldorf, Frankfurt, München usw. – Händler aus nicht genannten Städten mögen uns verzeihen – gibt es mittlerweile Fachhändler, die mit großem Engagement und ebensolcher Kenntnis für ein Sortiment sehr guter italienischer Weine sorgen. Das gilt natürlich nicht nur für Chianti, aber in den meisten Fällen haben sie mehrere Chianti im Angebot. Normalerweise reicht dabei die Spanne von eher preiswerten Gewächsen bis hin zu angemessen teuren. Viele der Händler haben durch Reisen einen persönlichen Kontakt zu den Winzern des Anbaugebiets aufgebaut. Sie beraten in der Regel fachkundig, und selbst wenn Ihr Geschmack nicht immer mit den Empfehlungen des Fachmanns übereinstimmt, dorthin zu gehen und sich beraten zu lassen, das lohnt allemal.

Eine Variante dieses Fachhandels sind jene Anbieter, die ihre Weine versenden und zum Teil überhaupt kein Ladengeschäft haben. Sie tätigen ihren Verkauf, indem sie in einem Katalog ihre Weine mehr oder weniger ausführlich beschreiben. Diese Art Anbieter hat ebenso wie der Fachhandel in den letzten Jahren einen sehr großen Aufschwung genommen. Die meisten Chianti sind auf diesem Wege erhältlich.

Zwei Verzeichnisse erleichtern die Suche nach Händlern, die den gewünschten Chianti in ihrem Angebot führen. Einmal die Broschüre »Wer liefert italienische Weine in der Bundesrepublik Deutschland«, herausgegeben vom Italienischen Institut für Außenhandel (ICE, Jahnstr. 3, 4000 Düsseldorf 1, Tel. 0211/387990). Und zum zweiten das von uns herausgegebene »Kursbuch italienischer Wein« (erhältlich im Buchhandel oder bei der Redaktion Christa Klauke, Saarbrücker Str. 35, 4600 Dortmund 1, Tel. 0231/524625, 573815). Während das erste nur angibt, welches Weingut von wem importiert wird, enthält das »Kursbuch« eine Auflistung nach Erzeuger, Anbieter, Jahrgang und Preis. Es beschränkt sich auf diejenigen Händler, die – auch – an Privatkunden versenden, wohingegen die Broschüre des ICE unterschiedslos Einzelhändler vor Ort, Versandhändler und Großhändler aufführt.

Was das Etikett sagt

Einen ersten Hinweis auf das, was sich in der Flasche verbirgt, gibt das Etikett. Die Betonung liegt dabei auf »ersten Hinweis«, der vielleicht vor den gröbsten Überraschungen schützen kann, aber keine Garantie für einen einwandfreien Chianti bietet.

Meist fallen bei der Lektüre des Etiketts zwei Dinge sogleich in die Augen: der Schriftzug Chianti und der Name des Erzeugers. Ergänzt wird die Bezeichnung Chianti häufig durch die Angabe der einzelnen Zonen, etwa »Classico« oder in unserem Falle »Rufina«. Der Name des Erzeugers ist

die mit Abstand wichtigste Angabe. Er ist beim Chianti der alleinige Garant für die Qualität eines Weines. In unserem Fall gehört Selvapiana zu den besten Chianti-Gütern. Die Worte unterhalb des Gutsnamens, »imbottigliato da Francesco Giuntini A.«, besagen nichts anderes, als daß der Inhaber, Giuntini, den Wein abgefüllt hat. Die nächste Zeile, »proprietario viticultore«, gibt die wichtige Auskunft, daß es sich um eine Erzeugerabfüllung handelt, d. h. Selvapiana ist keine Firma, die abfüllt, ohne selbst Wein zu erzeugen. Ebenfalls um eine Erzeugerabfüllung handelt es sich, wenn auf dem Etikett folgende Bezeichnungen zu lesen sind: »fattoria«, »azienda agricola«, »podere«, »tenuta«, »castello« oder »abbazia«. Steht dort »casa vinicola«, dann kauft die Kellerei zumindest teilweise Weine oder Trauben, verkauft unter ihrem Namen also nicht (nur) die eigene Produktion.

Wichtig ist auch der Jahrgang. Denn jeder hat eine andere Charakteristik, der eine hat mehr Säure und Tannin, der andere bringt hohe Alkoholgradationen, der nächste ist fruchtbetont, aber leicht usw. Der Käufer tut deshalb gut daran, bei Weinen, die er noch einige Zeit aufheben will, sich darum zu kümmern. Ebenfalls von Bedeutung ist, ob es sich um einen Jahrgangs-Chianti oder um eine Riserva handelt. Zum einen sind es verschiedene Weintypen, zum anderen ist die Annata meist deutlich billiger als die Riserva des gleichen Erzeugers. Zu erwähnen ist schließlich noch die Angabe des Alkoholgehalts, in unserem Fall sind es 12 Vol.-Prozent. Sie ist bei italienischen Weinen vorgeschrieben. Pflicht ist auch der Vermerk der Abfüllnummer. Selbst bei Phantasienamen läßt sich mit ihrer Hilfe der Abfüller ermitteln.

Die richtige Lagerung

Über die Möglichkeiten, einen guten Chianti zu erwerben, ist einiges geschrieben worden, doch wohin nun damit? Nun, das hängt einmal von der Menge ab. Sind es nur wenige Flaschen, die innerhalb kurzer Zeit getrunken werden sollen, lassen sie sich problemlos in der Wohnung aufbewahren, nur nicht gerade in der prallen Sonne oder neben der Heizung. Allerdings nimmt er einen angemesseneren Lagerort, möglichst dunkel und kühl, nicht übel.

Optimal für eine längere Lagerung sind eine gleichbleibende Temperatur um 12 Grad Celsius, Luftfeuchtigkeit um 70 Prozent, Dunkelheit, keine Erschütterung und – sehr wichtig – keine Gerüche. Aber wer verfügt schon über einen solchen Raum? In einzelnen Punkten ist eine Abweichung vom Ideal ohne Schaden möglich. Eine höhere Temperatur, Schwankungen zwischen Sommer und Winter lassen den Wein eher reifen, je höher sie sind, desto schneller erfolgt der Alterungsprozeß. Eine größere Luftfeuchtigkeit schadet höchstens den Etiketten, einer zu niedrigen sollte man mit Verdunstern entgegenwirken. Als einfaches Hilfsmittel tut es auch ein Eimer Wasser, den man regelmäßig ausschüttet. Starke Gerüche sind hingegen zu vermeiden, der Wein nimmt sie an. Läßt sich die Ursache nicht beseitigen, bleibt nur die Suche nach einem anderen Lagerort. Erschütterungen lassen sich beispielsweise durch Schaumstoff dämpfen. Auf keinen Fall sollten die Flaschen stehen. Dies verträgt ein Wein nur kurze Zeit, dann trocknet der Korken aus, Luft tritt ein, und der Wein oxydiert. Ein stehend im warmen, nach Öl riechenden Heizungskeller aufbewahrter Chianti ist bald ruiniert, ein normaler Haus-

haltskeller, der nicht ganz optimal ist, schadet ihm wenig –
wenn er nicht gerade als Sammelobjekt dienen soll.

Wie und wozu sollte der Chianti getrunken werden?

Trinktemperatur und Öffnungszeit hängen im wesentlichen davon ab, um welche Art von Chianti es sich handelt. Ein junger, fruchtiger Chianti Annata, vor allem wenn
er aus einem Jahrgang mit leichteren Weinen stammt,
schmeckt schon bei 15 bis 16 Grad Celsius, er kann sofort
getrunken werden, braucht keine Öffnungszeit und kein
Dekantieren. Er kann aus dem Keller direkt auf den Tisch
kommen, zumal sich Wein im Glas schnell erwärmt.

Bei einer älteren, vollen Riserva hingegen ist mehr Aufmerksamkeit angebracht. Nicht selten hat sich Depot gebildet, das übrigens kein Anlaß zur Beanstandung ist. Es
handelt sich hierbei um die natürliche Ablagerung von
Farbstoffen und ist eher ein Zeichen dafür, daß der Wein
vor der Flaschenabfüllung nicht allzu stark behandelt wurde. Weist eine Flasche Depot auf, sollte sie einige Stunden
aufrecht gestellt werden, besser noch einen ganzen Tag,
um sie dann vorsichtig zu dekantieren, d.h. in einen Krug
oder eine Karaffe umzufüllen. 17 bis 18 Grad Celsius sind
die angemessene Temperatur für eine Riserva, ob nun
wenige Jahre jung oder ein Jahrzehnt alt. Je nach Herkunft,
Erzeuger, Ausbauart, Jahrgang, Alter wird die optimale
Öffnungszeit ein wenig anders ausfallen, doch eine halbe
bis zwei Stunden für einen Jahrgangs-Chianti und zwei bis
vier Stunden für eine Riserva sind das Spektrum, in dem
sich die große Mehrheit der Weine bewegt. Die Spann-

breite mag groß erscheinen, doch unter dem Namen Chianti werden nun einmal sehr verschiedene Weine gefaßt. Und nimmt man die Tatsache des Alters hinzu, vergrößert sich die Vielfalt weiter. Einfache Faustregeln sind deshalb nicht angebracht.

Aus diesem Grunde gibt es keine eindeutigen Regeln, zu welchen Gerichten er als Begleiter geeignet ist. Allgemein gesprochen: Das Spektrum reicht von einem kärglichen Mahl bis hin zum feinsten Lammrücken. Der italienische Weinpapst Luigi Veronelli, der in Personalunion zudem zahlreiche Kochbücher verfaßt hat, also ein Experte auf diesem Gebiet ist, empfiehlt den Chianti zu Braten jeglicher Art, gegrilltem Fleisch, Geflügel, Haar- und Federwild sowie Bistecca Fiorentina.

Eine Negativauswahl scheint der leichtere Weg. Klar ist, daß ein trockener Rotwein zu Süßspeisen nicht paßt. Bei Salaten, die mit Essig angemacht sind, ist praktisch jeder Wein fehl am Platz, außer es handelt sich um einen milden Balsamessig. Beim Fisch kommt es sehr auf die Zubereitungsart an, doch meist ist ein Weißwein angebrachter.

Die Qualität der letzten Jahrgänge

Jeder, der Wein bewußt trinkt, wird feststellen, daß sich unabhängig von der Qualität eines Erzeugers die Jahrgänge qualitativ unterscheiden. Da gibt es solche, die Weine mit langer Haltbarkeit hervorbringen, solche mit (zu) hoher Säure usw. Es ist deshalb wichtig, die Charakteristik von Jahrgängen zu kennen, und das ist Sinn und Zweck der verbreiteten Jahrgangstabellen. Sie sind zwar durchaus nützlich, da sie als Richtschnur für die Einschätzung dienen können, doch insofern problematisch, als sie notwendigerweise sehr allgemein gehalten sein müssen. In ihnen kann nicht erkenntlich werden, daß auch in einem schlechten Jahr einzelne Winzer einen guten, eventuell sogar sehr guten Wein gemacht haben können. Sie ersetzen deshalb in keinem Fall die Probe.

Wir geben im folgenden eine Einschätzung der Jahrgänge ab 1980. Dabei verwenden wir die eingeführte Einteilung in fünf Stufen, wobei 1 für einen schlechten Jahrgang steht, 2 für mittelmäßig, 3 für gut, 4 für sehr gut und 5 für ausgezeichnet.

1980: 3 – in Qualität und Menge sehr unterschiedliches Jahr. Die Trauben waren teilweise nicht voll ausgereift. Fruchtige, etwas kompakte Weine.

1981: 3 – problemloses Jahr mit schönen leichten und leicht trinkbaren Weinen.

1982: 4 – sehr gutes Jahr mit kräftigen, vollen Weinen und sehr guter Haltbarkeit.

1983: 3 – angenehm zu trinkende, früh reifende, fruchtbetonte Weine. Einigen fehlt es an Extraktstoffen.

1984: 1 – sehr schlechtes Jahr mit dünnen, säurebetonten Weinen. Nur eine Handvoll Winzer haben mehr daraus gemacht. Fast alle Winzer verzichteten auf Riserva.

1985: 5 – hervorragender Jahrgang mit sehr kräftigen, tiefen, dichten Weinen. Der beste Jahrgang der letzten zehn Jahre, verspricht Weine mit sehr langer Haltbarkeit. Nur der 88er wird ihm vermutlich gleichkommen. Wichtig war jedoch eine frühzeitige Ernte, damit es nicht zu Problemen wegen einer zu geringen Säure kam.

1986: 3 – ähnlich in der Charakteristik dem 83er, hat wunderbar fruchtbetonte Weine hervorgebracht.

1987: 2–3 – sehr uneinheitlicher Jahrgang, der von sehr schlechten Weinen (wegen Regen im Herbst und Trockenheit im Sommer) bis zu guten bis sehr guten Weinen (in Gebieten mit anderer Witterung) reicht. Die Unterschiede waren groß wie noch nie, sie sind selbst im gleichen Ort und bei den gleichen Gütern festzustellen.

1988: 5 – soweit es sich schon jetzt sagen läßt hervorragender Jahrgang mit dichten, aber gleichzeitig feinen Weinen mit schöner Frucht. Durch das kalte, verregnete Frühjahr ist es zu erheblichen Mengeneinbußen gekommen.

*D*er Chianti ist hierzulande der erfolgreichste italienische Wein. Er hat für die letzten 20 Jahre beachtliche Zuwächse aufzuweisen. Praktisch alle Erzeuger, die zählen, sind auf dem deutschen Markt verfügbar. Der Fachhandel bietet meist eine gute Auswahl. Der Chianti ist der ideale Essensbegleiter, passend zu vielen Gerichten.

Reisehinweise

Das Anbaugebiet des Chianti ist eine der touristisch attraktivsten Weinlandschaften überhaupt, in Italien ist es einzigartig. Nirgendwo sonst gibt es diese Verbindung von schöner Landschaft und geschichtsträchtigen Städten. Selbst wer etwas gegen Städte hat, die vor lauter Touristen mehr Museen ähneln, wird sich dem Reiz von Florenz und Siena schwer entziehen können. Denn das ist das Problem dieses Teils der Toskana: Sie ist ganz einfach überlaufen. Außer im Winter ist eigentlich stets Saison, im Spätsommer sieht man etwa zwischen Castellina und Greve manchmal mehr deutsche als italienische Wagen.

Von teuren Hotels und guter Küche

Das hat positive und negative Folgen. Positiv ist auf jeden Fall, daß sich das Übernachtungsangebot verbessert hat. Es ist nun durchaus befriedigend. Von der Villa mit Vollpension über das Ferienhaus und die Ferienwohnung bis hin zur Pension und dem Hotel wird alles geboten. Eines ist allerdings zu berücksichtigen: Dieser Fleck der Toskana ist ein teures Pflaster. Vor allem im Classico-Gebiet gibt es kaum preiswerte Übernachtungsmöglichkeiten. Das einzige Anbaugebiet des Chianti, in dem die touristische Infrastruktur unterentwickelt ist, ist Rufina.

Uneinheitlich wird das Urteil über die Gastronomie ausfallen. Eine ganze Reihe mittelmäßiger Trattorien harrt auf den Gast, und offenbar werden sie besucht. Noch erstaunlicher ist, daß sie in Presseberichten empfohlen werden, eine Warnung wäre eigentlich angebracht. Unsere einzige Erklärung ist, daß die betreffenden Journalisten in ihrer Funktion bekannt waren und ihnen deshalb anderes – besseres – geboten wurde als den normalen Besuchern. Hier einige Namen von Restaurants und Trattorien, die wegen ihrer Preis-Qualitäts-Relation und Leistung im Service nicht unbedingt einen Besuch lohnen: »Villa Miranda« in Radda (hatte vor einigen Jahren in der Presse Hochkonjunktur), eine recht durchschnittliche Trattoria mit banaler Küche; »Badia di Coltibuono« in Gaiole und »Montagliari« in Panzano, bei denen mit Abwandlungen das gleiche gilt; »Il Pozzo« in Monteriggioni, viele Jahre vom Guide Michelin mit einem Stern ausgezeichnet, für den es wohl nur vor langer Zeit einen Grund gegeben hat.

In diesem Zusammenhang ein Hinweis: Mißtrauen Sie jedem, wirklich jedem Bericht, der von der unbekannten Toskana spricht, Geheimtips empfiehlt. In der Toskana gibt es nichts zu »entdecken«, und die Tips sind überwiegend altbekannt. Manchmal sollten sie wirklich geheim bleiben – als Dienst am Leser.

Beruhigenderweise gibt es auch ordentliche Küchen und in einigen Fällen sogar sehr gute Leistungen. Hier unsere Auswahl: Als einfache Trattoria mit typischer Küche empfehlen wir in Greve »Da Verrazzano«. Neben angemessenen Preisen überzeugt sie mit einer guten Auswahl an Chianti. Vielleicht noch typischer ist »La Bottega del ›30‹« in Villa a Sesta, Castelnuovo Berardenga. Hier werden noch ursprüngliche Gerichte gepflegt, die ansonsten selten auf den Karten zu finden sind. Leider ist die Weinauswahl unbefriedigend. Die beiden jungen Männer im Service sind Virtuosen der Selbstdarstellung und allein deshalb einen Besuch wert. In Florenz gehört in diese Kategorie »Il Teatro« (via degli Alfani 47r), in Rufina »La Speranza«. Selbstredend lohnen sie keine weite Anfahrt, doch allemal einen Besuch, wenn man sich in der Nähe aufhält.

Wer höchste Ansprüche stellt und bereit ist, entsprechend zu zahlen, dem empfehlen wir die »Enoteca Pinchiorri« in Florenz (via Ghibellina 87). Früher mehr der französischen Küche verpflichtet, hat man sich vor einigen Jahren auch alten toskanischen Rezepten zugewandt und für den heutigen Geschmack verfeinert. Die Weinkarte ist eine der besten ganz Italiens und enthält natürlich alles, was in der Toskana einen guten Ruf hat. Einige Güter machen sogar bestimmte Weine exklusiv für dieses Restaurant und den angeschlossenen Weinhandel. Wenn Sie auf der Suche nach etwas Besonderem sind, lassen Sie sich vom Inhaber Giorgio Pinchiorri beraten.

Ein weiteres sehr gutes Restaurant ist »La Tenda Rossa« in Cerbaia. Die Küche ist sehr gut, leicht, aber nicht typisch toskanisch, sondern allgemein der neuen italienischen Küche verpflichtet. Das Weinangebot ist vor allem im Bereich der Toskana sehr gut und für die Klasse dieses Restaurants recht preiswert. Hierzu noch ein Hinweis. Während seit einigen Jahren die Preise für das Essen durchaus mit den hiesigen konkurrieren können, sind die Weine, gemessen an der deutschen Gastronomie, ausgesprochen günstig kalkuliert.

Weine direkt bei den Gütern zu kaufen ist normalerweise ohne Schwierigkeiten möglich. Die meisten haben sogar einen Verkaufsraum. Doch das Chianti-Gebiet ist weitläufig. Falls man ohne großen Aufwand an Probeflaschen mehrerer Erzeuger kommen will, lohnen sich für das Classico folgende Adressen: »Enoteca del Chianti Classico«, piazzetta Santa Croce, Greve, und »Enoteca del Chianti Classico«, via G. da Verrazzano 8–10, Panzano. Beide sind mittwochs geschlossen. Für andere Zonen gibt es leider nichts Vergleichbares.

*D*as Gebiet des Chianti ist touristisch sehr attraktiv – und nahezu immer überlaufen.
*Das Angebot an Hotels und Ferienwohnungen
ist befriedigend, allerdings auch teuer.
Beim Essen ist Aufmerksamkeit angebracht.
Sehr viele Trattorien, die durch die Presse
gehen, lohnen keinen Besuch. Der Weinkauf
beim Erzeuger ist ohne Probleme möglich.*

Literaturempfehlungen

Anderson, Burton: Italiens Weine, Bern/Stuttgart 1987
Enthält knappe Erläuterungen zu rund 800 Weinen und bildet Italien damit mehr als ausreichend ab. Ergänzt werden die Hinweise durch ein Verzeichnis empfehlenswerter Erzeuger. Leider ist dieser Teil der schwächste des handlichen Buches, da Anderson einfach zu großzügig verfährt.

Dohm, Horst: Flaschenpost aus Italien, München 1988
Sehr großzügig gestalteter Band über 60 maßstabssetzende Erzeuger mit sehr guten Fotos. Praktisch alle hochwertigen italienischen Güter werden ausführlich portraitiert. Kompetente Einleitung, die eine allgemeine Einführung in die Weinwirklichkeit Italiens bietet und die drei Schwerpunktgebiete – Piemont, Friaul, Toskana – vorstellt.

Klauke, Christa, Friedrich Eberle (Hrsg.), Kursbuch italienischer Wein 1989, Dortmund 1989
(erhältlich über den Buchhandel oder direkt bei der Redaktion Christa Klauke, Saarbrücker Str. 35, 4600 Dortmund 1, Tel. 0231/524625 o. 573815)
Von uns herausgegebenes, jährlich überarbeitetes Buch. Der erste Teil behandelt jeweils schwerpunktmäßig eine Weinlandschaft, 1989 z.B. Venetien. Außerdem im ersten Teil: Informationen rund um den italienischen Wein. Im zweiten Teil werden die im Versandhandel verfügbaren italienischen Weine mit Preisen und Anbietern aufgeführt, geordnet nach Regionen, Jahrgängen und Erzeugern. Enthält 1989 mehr als 7500 Preise.

Priewe, Jens: Italiens große Weine, Herford 1987
Sehr gut illustriertes Buch mit informativem Bildmaterial über die wichtig-

sten Anbaugebiete. Kompetenter Text, der auf die Geschichte und Gegenwart der betreffenden Weinlandschaften eingeht. Zahlreiche Gutsportraits maßstabssetzender Erzeuger. Sehr ausführlich für die Toskana und dabei vor allem für den Chianti. Schwerpunktmäßig behandelt werden außerdem Friaul und Piemont.

Romé, Helmut: Die großen Weine der Toskana, Stuttgart 1982
Allgemeine Einführung in die wichtigsten toskanischen Weine (Chianti, Vino Nobile di Montepulciano, Brunello di Montalcino, Vernaccià di San Gimignano, Carmignano). Zu jedem Wein werden z. T. sehr ausführliche Gutsportraits gebracht. Inzwischen allerdings zum Teil deutlich veraltet.

Glossar

Annata: Jahrgangs-Chianti, der je nach Unterzone ab März bzw. Juli in den Handel gelangen darf.

Barrique: Kleines, 225 Liter fassendes Holzfaß, das ursprünglich zum Ausbau des Weines vor allem in Bordeaux Verwendung fand. Gibt dem Wein einen ganz bestimmten, je nach Holzart anderen Ton. Wird zunehmend in Italien und besonders in der Toskana benutzt.

Cabernet Sauvignon: Hochwertige französische Rotweinrebe, die vor allem für Bordeaux verwandt wird. In der Toskana findet sie zunehmend Verbreitung, teils auch für den Chianti.

Canaiolo: Klassische rote Rebe des Chianti-Mischsatzes, der dem Wein vor allem ein spezifisches Bouquet geben sollte. Da die Rebe sehr empfindlich ist, nimmt ihre Verwendung ab.

Chianti Classico: Dem Anspruch nach Chianti aus dem ursprünglichen Anbaugebiet, allerdings ist es gegenüber diesem um rund die Hälfte größer. Hat mit → Chianti Rufina und → Chianti Colli Fiorentini strengere Produktionsvorschriften als die übrigen Anbauzonen.

Chianti Colli Aretini: Anbaugebiet beidseitig des Flusses Arno, zwischen dem Classico und Arezzo.

Chianti Colli Fiorentini: Chianti-Gebiet mit ähnlich strengen Produktionsvorschriften wie → Chianti Classico und → Chianti Rufina. Zieht sich wie ein Gürtel um das nördliche Classico.

Chianti Colli Senesi: Größtes Chianti-Gebiet im Süden des Classico. Überschneidet sich mit den Anbaugebieten des Vernaccia di San Gimignano, Vino Nobile di Montepulciano und Brunello di Montalcino.

Chianti Colline Pisane: Kleinstes Anbaugebiet des Chianti in der Nähe von Pisa.

Chianti Montalbano: Kleines Anbaugebiet nordwestlich von Florenz, reicht bis in die Provinz Pistoia. Überschneidet sich mit dem Anbaugebiet des Carmignano.

Chianti Putto: Sehr großes Chianti-Anbaugebiet mit qualitativ sehr unterschiedlichen Untergebieten.

Chianti Rufina: Eines der kleinsten Chianti-Gebiete mit ähnlich strengen Produktionsvorschriften wie → Chianti Classico und → Chianti Colli Firorentini. Erstreckt sich nordöstlich von Florenz.

DOC: Wörtlich »Denominazione di origine controllata«, d.h. kontrollierte Ursprungsbezeichnung. Für den Chianti gültig von 1967 bis 1983. Entspricht dem deutschen »Qualitätswein bestimmter Anbaugebiete«. Für jeden DOC-Wein werden bestimmte Produktionsvorschriften, etwa Mindestlagerzeit und Mindestalkoholgehalt, die Reben, aus denen er gemacht wird, sowie das Anbaugebiet festgelegt.

DOCG: Wörtlich »Denominazione di origine controllata e garantita«, d.h. kontrollierte und garantierte Ursprungsbezeichnung. Für den Chianti gültig seit 1984. Im wesentlichen wie DOC, hinzu kommt eine verbindliche Probe, bevor der Wein in den Handel gelangen darf.

Gallo Nero: Wörtlich »Schwarzer Hahn«, Bezeichnung des Consorzio Chianti Classico und des von ihm verliehenen Siegels für die Weine der Mitglieder.

Governo: Traditionelles Verfahren bei der Chianti-Erzeugung. Durch Zugabe teilgetrockneter Trauben oder konzentrierten Mostes wird eine zweite Gärung eingeleitet.

Konsortium: Halbstaatliche freiwillige Vereinigung von Weinerzeugern eines bestimmten Weines bzw. Anbaugebietes. Zu ihren Aufgaben zählen die Qualitätskontrolle und die Werbung für den betreffenden Wein. Für den Chianti gibt es zwei Konsortien, → Gallo Nero und → Putto.

Malvasia: Klassische Weißweinrebe der Toskana, die zum ursprünglichen Chianti gehörte. Diente dazu, ihn früher trinkbar zu machen sowie ihm eine gewisse Samtigkeit zu geben. Findet heutzutage immer weniger Verwendung.

Putto: Wörtlich »Putte«. Als Putto wird das Konsortium der Winzer aus den übrigen Chianti-Gebieten bezeichnet, ebenso das entsprechende Siegel für die Weine der Mitgliedsbetriebe.

Ricasoli: Italienischer Staatsmann mit starken landwirtschaftlichen Interessen, der im 19. Jahrhundert verschiedene Chianti-Formeln entwickelte, darunter jene, die in die Produktionsvorschriften des DOC-Statuts Eingang fand.

Riserva: Chianti besonderer Qualität mit einem höheren Mindestalkoholgehalt, der erst drei Jahre nach der Ernte freigegeben werden darf.

Sangiovese: Hauptrebe des Chianti (rot), die dem Wein Säure und Tannin gibt. In den letzten Jahren ist ihr Anteil in hochwertigen Chianti gestiegen und hat die anderen klassischen Reben verdrängt.

Trebbiano: Weitverbreitete Weißweinrebe. Sehr produktiv, aber ohne großen Charakter. Wurde früher vor allem als Weißweinrebe im Chianti verwandt, ist dort stark zurückgegangen.

Vecchio: In der DOC vorgesehener Chianti, der nach zwei Jahren verkauft werden durfte. Im DOCG-Statut nicht mehr vorgesehen.

Vino da Tavola: Wörtlich »Tafelwein«. Knapp 90 Prozent der italienischen Weinproduktion entfällt auf Tafelwein, weit überwiegend uninteressante und billige Weine. Eine kleine Gruppe entspricht nicht diesem Typus, es sind im Gegenteil sehr hochwertige und teure Weine. Ihre Erzeuger wählen die Bezeichnung Tafelwein aus zwei Gründen: Entweder sie verzichten bewußt auf das DOC-Prädikat, oder aber der Wein entspricht nicht den Produktionsvorschriften des DOC-Weins der Gegend.

Die ECON Gourmet Bibliothek

Ob über die besten Käsesorten, den feinsten Sekt, die exklusivsten Arten, Hummer zu essen – die ECON Gourmet Bibliothek informiert Sie über die edelsten Produkte aus dem Bereich Essen & Trinken. »Mehr Lebensfreude durch kulinarischen Genuß«, ist das Motto des Herausgebers Hans-Peter Wodarz. Und so richtig genießen kann eben nur der Wissende. In kompakter Form erhalten Sie wichtige Informationen über Kulturgeschichte, Herkunftsländer und Qualitäten. Tips, Adressen, Bewertungsskalen und praktische Empfehlungen helfen allen Genießern und Gourmets weiter.

Jeder Band der ECON Gourmet Bibliothek umfaßt ca. 112 Seiten und ist so sorgfältig ausgestattet wie das Buch, das Sie im Moment in den Händen halten: Ein fester Pappband, farbiges Vorsatzpapier, Kaptalbändchen und viele Farbtafeln machen die ECON Gourmet Bibliothek auch für Bücherfreunde zu einem optischen Genuß. Auf den folgenden Seiten sehen Sie, wie viele Bücher zu Gourmetthemen bereits erschienen sind.

ECON Taschenbuch Verlag
Postfach 30 03 21 · 4000 Düsseldorf 30

Peter C. Hubschmid
Beaujolais, Primeur & Co.

Jürgen Lautwein
Espresso, Mokka, Capuccino & Co.

Karl Rudolf
Grappa, Marc & Co.

Karl Rudolf
Portwein

Heide Hartner
Olivenöl & Oliven

Peter Lempert
Austern

Veronika Müller
Hummer, Krabben, Shrimps & Co.

Ingeborg Kunze-Glupp
Trüffel

Peter Hilgard
Sherry

Friedrich Eberle/Christa Klauke
Chianti

Karl Rudolf
Calvados

Jo Volks
Armagnac

Petra Klein
Essig: Aceto Balsamico & Co.

Rudolf Knoll
Sekt

Ingo H. G. Taubert
Lachs

Jürgen Löbel
Parmaschinken & Co.

Heide Hartner
Roquefort, Stilton & Co.

August F. Winkler
**Mouton-Rothschild, Latour,
Lafite-Rothschild & Co.**